中年格差

橘木俊詔
tachibanaki toshiaki

青土社

中年格差　目次

中年格差

はしがき

二〇一九（令和元）年の末に、兵庫県宝塚市は中年世代（三〇代半ば～四〇代半ばの人）を対象に、正規職員三名を募集した。なんと一八一六名の応募があった。受験者一六〇〇名ほどで採用が四名だったので、競争率は四〇〇倍という想像を絶する過酷さであった。中年世代でまともな職を希望する人が実に大人数いることの象徴であった。

今の中年世代は、就職氷河期に求職したが、正規としての仕事が少なく、多くの人が無職か、職があっても非正規という仕事が多かった。これらの中年世代は、今経済的に困窮しているのに加えて、社会的にも不利な人生を送っている。例えば、結婚できないでいるとか、社会保障制度に加入できないとか、引きこもりになるとか、不安な人生を送っている人が少なからずいる。その証拠は、中年世代における自殺率と離婚率の高さによって確認できる。

この現象を「中年格差」と認識して、その事実を統計を用いて明らかにするのが本書の目的である。こういう中年世代が高齢者になったとき、何が予想できるかといえば、悲惨な生活が待っていると言わざるをえない。貧困、無保険、助けてくれる家族なし、といった地獄になるかもしれない。

なぜこのような世代が生まれたのか。心理学では「中年クライシス」と称して中年世代に特有な心の問題があり、そのことをまず考えてみる。さらに日本社会に特有な「一度失敗すれば挽回が不能」という文化に注目する。具体的には、リーマンショック後の大不況期に求職活動をしたが、不幸にもそれがうまくいかなかった。日本企業における労使関係の特色、すなわち新卒一括採用制、終身雇用、年功序列制などの犠牲となった。中年・高年になってもそれを背負ったまま人生を送らねばならないのである。本人には責任のないことなので、社会全体でこういう人を支援せねばならない。分析だけではなく本書では様々な提言も行なってみた。

本書では就職氷河期に求職した人の問題点を指摘したが、実は正規の職を見つけられた人も、賃金が上昇しないとか、昇進に苦労したとか、ここで分析した恵まれなかった人よりかはマシであったが、決して恵まれた環境にあったわけではないことも明らかにしている。

格差といえば、所得・資産の格差のみならず、人間社会には能力、教育、就職、昇進、結婚、社会保障など、様々な分野において格差なり不平等が見られる。しかもそれらの格差、不平等は生まれたときから、幼年期、青少年期、中年期、高年期と世代が進んでも継承されることが多い。中年期に特有な格差・不平等と、世代間で継承される格差・不平等の双方に注意を払いながら、本書の執筆を行った。

最後に、本書の執筆を終えた頃に、新コロナウィルス禍に世界中が悩まされたことを付言しておきたい。経済不況に苦しむ中にいるが、今の中年世代が好ましい状況に変われるか、といえば今回のコロナ禍はリーマンショック以上とされるので、非常に暗い見通しになってしまうが、よほどのことを社会や企業がしない限り、今の中年世代の復権はないかもしれない。しかし、本書からその可能性と実現性の見通しを少しでも持ってもらえればと期待する。

本書は青土社の菱沼達也氏の熱心な編集作業によって出版が可能となった。菱沼氏のご努力に感謝したい。しかし残っているかもしれない誤謬と意見に関することは、筆者のみの責任である。

橘木 俊詔

第1章　世代別格差の現状

はじめに

　本書の目的は中年格差を論じることにあるが、その本格的分析の前にこの章で世代別に見ると、どのような格差があるかを簡単に知っておこう。それによって本書の主題である中年における格差の特色が明確になるからである。格差を測定・分析する際の基準にはいろいろある。そのなかでももっともわかりやすく、多くの人の関心を集めているのは所得と資産の分布であろう。貧困層と富裕層の間の所得と資産の格差、あるいはそれぞれの人々がどれほどの所得や資産の額を持っているかが分析されてきた。

　格差には他にも種々の視点がある。例えば、教育、職業、健康、年金、福祉、結婚、離婚など様々である。そして格差には所得・資産などの経済活動の成果で示される「結果の格差」と、教育や職業を得るときに、あるいは企業や役所での採用や昇進に際してどれほど平等な機会が与えられているかに注目する「機会の格差」がある。本書ではこの結果の格差と機会の格差の意義と相違点を頭に入れながら論じる。

　世代別の格差に注目すれば、先で述べた種々の格差のうち、その世代にとってどの格差が深刻か、深刻でないかの区別がある。例えば幼年期であれば働かないため所得には無縁なので関心を寄せず、むしろ教育が焦点となる。高齢期であれば年金や健康といった格差に関心が高いであろう。世代における関心については、図4－1（一一七頁）に人生の年代別経路を示したので参照していただきたい。世代別に格差を議論するときは、どの視点が重要かに注目してその世代に特有な格差を議論することが必要である。

幼年期

幼年期をここでは生まれてから中学校という義務教育を終了する一五歳までとみなす。小学校入学以前と小学校入学後では、子どもの発達状況や親との関係がかなり異なるであろうが、ここではその区別をしない。双方の年代ともに基本的には親の経済保障の下にいるという共通の特性を保有するからである。すなわち幼年期とは、親の経済状況なり親の教育方針や育て方が、極めて重要な役割を演じる世代である。

この世代で重要な格差は、親の経済格差（すなわち所得や資産）、子どもがどういう教育を受けるか、そしてその教育格差を生む要因は何であるか、と言ってよい。

親の経済状況に関しては、日本の子どものおよそ七人に一人が貧困にいる、という深刻な事実がまず第一に指摘されねばならない。子どもの貧困率が他の先進国よりもかなり高い、という好ましからぬ状態にある。これはなぜか。子どもは稼いでいないので、とどのつまりは親の所得が低くて貧困者ということになるのである。つまり、子どもの貧困率が高いということは、子どもを持つ親の世代の貧困が深刻である、ということと同じなのである。

この幼年期世代の教育費（特に学校教育費）は義務教育なので、親の貧困が子どもの義務教育を阻害するということはない。戦前や戦後の一時期は子どもが働いて親の低い所得を助けるということもあったが、今ではそれはほとんど見られない。戦後しばらくの間、中学生が昼間働いて夜間に学校に通うという、いわゆる夜間中学校の存在は無視できなかった。夜間中学校で学ぶ生徒は今でもごく少数ながら存在している。

幼年期で問題になるのは、公共部門の負担する義務教育費よりもそれ以外の教育費支出の格差である。例えば学校に支払う諸費、学校外教育（塾や習い事など）の費用は直接の家計負担となるので、これらを家計がどれだけ支出できるかによって、子どもの受ける教育の質がかなり異なることになる。

それに関しては以前（橘木 2017）、明らかにしたので、ここではそれをごく簡単に紹介しておこう。第一に、日本の小学生の一三・九%、中学生の四三・二%が塾に通っているという事実がある、中学生に多いのは、高校受験対策が主たる理由である。むしろ小学生の場合には塾よりも、英会話・ピアノ・絵画・スポーツ教室といった習い事に通う生徒が多く、その効果を調べる価値が高い。

第二に、小学生の通塾率は大都会と地方で大きな差がある。大都会の小学生は大都会に多い名門の中・高一貫校の国立・私立校の受験に備えるのが目立つ。こうして比較的家計の裕福な子弟が塾で学んでから名門の中学・高校に進学して、その後に名門大学に進学するという姿が日本の教育界の一つの特色となっている。ここで家計（すなわち親か親類）の裕福度が、日本の子弟がどういう学校、そして最後はどういう大学に通うことになるかの分岐点になっている。換言すれば、どれほどの名門大学に通うことになるかの要因の一つが親世代の家計所得であり、教育の機会均等が家計所得の低い人には与えられていないのが日本なのである。

欧米の人に日本の塾を理解してもらうのは困難である。欧米には日本の塾に該当するものがないだけに、学校教育の質が悪いから塾が用意されているのか、という質問をよく受ける。この問題に対する対策としては、塾に頼らずに学校教育内で子どもの学力を高める教育界にしてほしいものである。それが無理なら低所得階級にバウチャー制度を適用して、こういう子弟も塾に通えるようにする政策はある。ここでバウチャーとは「金券」と考えてよく、各家庭は政府なり地方政府からバウチャーをもらって、例えば塾の費用に充当するのである。

第三に、英会話・ピアノ・絵画・スポーツ教室といった習い事は学校教育の補完というよりも、情操教育として私的に子どもの趣味や人間性を豊かにする手段なので、公的負担はなじまない。換言すれば、裕福な家庭の子弟ほど豊かな情操教育を受けられて、視野の広い心身ともに豊かな人間に育つということになってしまうが、これはある程度はやむをえない。低所得の家計の子弟は、学校外でこういう習い事ができないので、学校教育の範囲内でこういう子弟にも少しでいいからそれらを習う機会を与えたいものである。

若年期

　義務教育を終えてから高校に入学し、高校卒業後は大学（短大をも含めて）に進学するか、就職するかの決定がある。高卒者、大卒者のほとんどは働いて所得を得る立場になる。年齢で評価すると三四歳までが若年層とされているので、一六歳から三四歳あたりまでを若年層とみなして、これらの層に特有な格差を考えてみよう。

　若年期はその人の人生を決める大きな事象がいくつかある。高卒後の大学進学か就職か、そして高卒にしろ大卒にしろどのような職に就き、どの企業で働くのか、そして結婚という事象もこの時期に圧倒的に多いし、子どもを持つのもこの時期であることが多い。なんとその後の人生を決める縮図がここに集中している感がある。すなわち、義務教育後の教育、就職、結婚、出産という大きなイヴェントが集中している。

　まずは義務教育後の教育を考えてみよう。高校進学が最初の事象であるが、現代では同年齢の九五％を超える人が高校に進学しているので、中卒の際に就職か高校進学かの決断を、ほとんどの人は迫られない。むしろどの高校に進学するか、そして何を専攻するか（すなわち普通科か職業科か）が大きな岐路である。現在では、高校教育について行けない人の存在、すなわち中途退学生の問題がやや深刻になりつつある。ほぼ全員に近い人が高校に進学するなら、学力と意欲の面から中退する人の数が増えても不思議はない。

　一昔前に日本が貧乏だった頃は、経済的な理由で高校進学をあきらめた人がかなりいた。ところが豊かになった日本ではこの問題は深刻でなくなったし、現今は高校授業料の無償化策が進行しているので、さらにそう深刻ではなくなっている。大学進学を目指す人にとっては、どこの高校に進学するかによって進学する大学の選択肢に違いが生じる可能性もあるので、進学先の高校をどこにするかが大きな決定事項と岐路になっている。

これを教育格差、あるいは学校格差と認識してよいが、高校においてそれがある程度発生するのはやむをえない。人の生まれながらの能力、本人の勉強意欲の程度、将来の人生の送り方などの個性の違いがあるので、高校の段階で全員を平等に扱うのには無理があるし、社会・経済の発展にとっても好ましくない。

ただし筆者の危惧が一つある。それは高校教育が大学進学を念頭におきすぎる風潮である。それは教育が国語、数学、英語、理科、社会といった普通科を中心にした大学受験科目に集中している現状は好ましくない、との考えからである。商業科、工業科、農業科、情報科といったように職業教育をもっと充実させて、高校卒業後に就職する人の実務能力を高めて、将来の職業生活において高い生産性を発揮できるようにしておくことも重要ではないだろうか。高卒時の普通科の学識と職業教育を受けていないことによる技能不足であれば、大学出の専門学識と技能の高さに負けるので、補助的ないし定型的な仕事しか与えられない可能性が高い。そうすると高卒というハンディを背負うことになり、低所得に甘んじる人が発生することが避けられない。教育格差を多少なりとも縮小できる可能性を高めるのが職業教育なのである。

大学教育に話題を進めよう。大学教育を受けた人と高校卒業だけの人の間に所得格差のあることは皆の知るところである。大学教育を受けた人は学識・技能に関して高卒よりもそれらが高いので、大卒が高卒よりも高い賃金なり所得を得るのには合理性がある。従って日本においても、大卒の賃金は高卒の賃金よりかは高いのであるが、他の先進国と比較すれば日本の学歴間賃金格差は小さいのである。

その証拠を簡単に示せば、中卒の賃金を一・〇としたとき、日本の高卒は一・〇九、大卒は一・六〇であるのに対して、アメリカはそれぞれが一・六九、二・七八、ドイツは一・二四、一・八五、イギリスは大卒だけであるが二・六〇となり、日本の学歴間賃金格差が欧米諸国より小さいことがわかる。これは二〇一〇年前後の数字である。

とはいえ日本では大卒などの高学歴者の方がホワイトカラー職になるし、将来においては管理職や専門職に就く確率が高いので、職業で評価すると学歴主義の性格は有している。さらに学歴主義のもう一つの顔として、日本は卒業大学名で示される名門大学出身者が有利な人生を送れる社会なので、こういう意味でも教育格差は日本でも存在している。それだからこそ、幼年期のところで述べたように、大学進学や名門大学を目指して塾などで学んで、受験競争を勝ち抜く作戦を取っているのである。

筆者の個人的な見方は、少なくとも企業における学歴主義、すなわち名門・有名大学出身者が上の職位に昇進して出世するという特色は徐々に消滅しつつあると判断している（詳しくは橘木

(2014) 参照のこと)。例えば非名門大学出身の人が経営者になる確率は高まっている。企業経営の不安定性が高まっているので、企業で職を失うリスクがより大きくなる時代となり、しかも名門・有名大学卒が企業のみならず官庁でそれほど有利な職業生活を送れないのなら、他の職業への進出を目指す名門・有名大学卒の若者が増えても不思議はない。とはいえもっとも職の安定性のある公務員人気はまだ劣えていない。具体的にどんな職業の人気が高まっているかというと医師、そして研究者である。研究者の収入は高くないが、医者の所得の高いのは若者もよく知っている。今や医学部入試が最難関になっており、学歴主義は変容の過程にあるといってよい。あるいは、サラリーマンの世界に入るよりも自分で事業を立ち上げる人の増加も見られる。起業はリスクはあるが成功するとお金持ちになれる可能性があるためだろう。

格差社会に関して一つの重要な補足事項がある。バブル崩壊による長期の大不況が続いたことにより、一九九〇年代の初頭から企業経営が不振となり、大卒・高卒の新規採用が大幅に低下した。いわゆる「就職氷河期」である。この時期に学校を卒業した人(一九七〇(昭和四五)年から一九八三(昭和五八)年生まれ)、二〇二〇年現在で三五歳前後から五〇歳前後の人は、いい仕事につけなかった人が多く、中年になっても苦しい生活を強いられている。これは後に論じる中年格差を生む重要な要因になることをあらかじめ強調しておこう。

もう一つ種類の異なる格差がこの若年層に生じることとなった。それは一昔前であれば、およそ九八%前後の男女が結婚する、すなわち皆婚社会であったが、二一世紀に入る頃になってから結婚しない人が出現するようになったことと関係している。結婚（特に初婚）する年齢というのは、国によってあるいは時代によって異なるが、日本では早い人は一〇歳台後半、遅い人は三〇歳台になりつつあるが、平均すれば以前よりかは晩婚化が進んでいて、二〇歳台後半（それも三〇歳に近い年齢）になっている。結婚を生涯にわたって経験しない人を生涯未婚者と称するが、それらの人の比率が現代では女性で一一％、男性では二〇％にも達している。今後を予想すれば、国立社会保障・人口問題研究所の推計によると、二〇三〇（令和一二）年において女性で二三％、男性で三〇％の高い比率である。

この高い未婚率を前提にすれば、日本では単身で生活する人はかなりの数に達し、人間生活のあらゆる側面において多大の効果が発生するものと予想できる。それが直接に現れるのは中年世代なので、中年期のところで詳しく検討する。

中年期

先に見たように、長期の不況期によって「就職氷河期」と称されるほどの状況が発生し、就職先を見つけるのに苦労し、かつたとえ就職先を見つけたとしても、正規労働ではなく非正規労働に甘えなければならなかった時期があった。ここで詳しく述べるこの事実を、今では中年期になっている人が若年期のときに求職していた頃の現状を統計で確認しておこう。図1－1は、一九八二（昭和五七）年から二〇〇七（平成一九）年までに関して、二二～二九歳という若年層がどのような

図１－１　22～29歳、30～39歳人口の男女別構成変化：1982～2007年

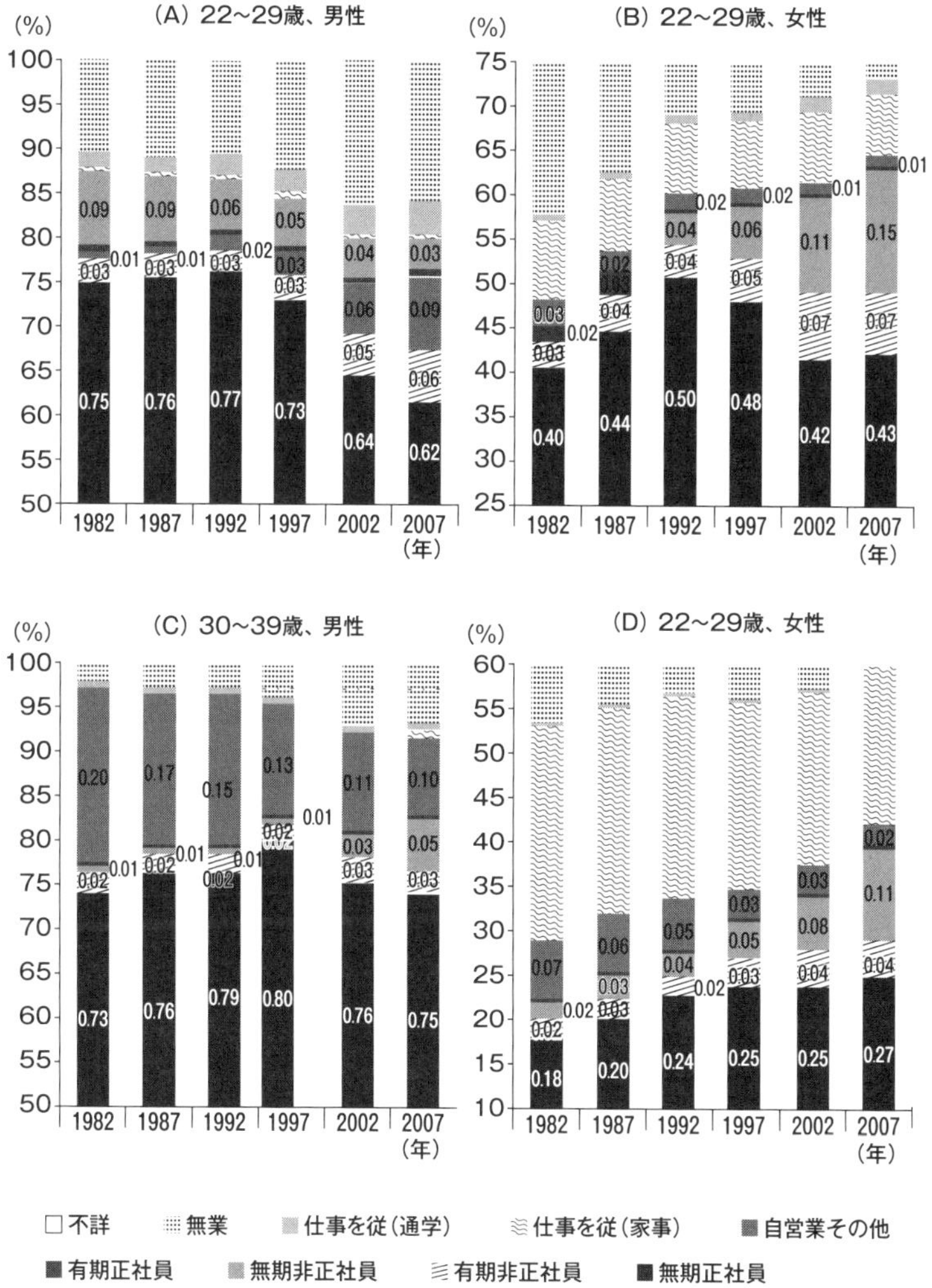

出所：神林（2017）

労働力の状態であったかを男女別に示したものである。

現在、中年期に達している年齢層を吟味するのには、一九八七（昭和六二）年から二〇〇七（平成一九）年までの若年期の統計に注目すればよい。まず男性に注目すれば、一九八七年には無期正社員が七六％もいたのに、二〇〇七年には六二％まで低下しているので、実に一四％ポイントの下落である。一方で、有期非正社員と無期非正社員の合計は、四％から一五％に上昇しているので、一一％ポイントの増加である。今の中年層には正規労働者が減少して、非正規労働者が増加したことは統計によって確認されるのである。しかも二〇〇七年に三〇～三九歳という中年の男性の非正社員率は八％に達していることがわかる。

もう一つ重要な事実は、一九八七年から二〇〇七年までに男性（二二～二九歳）の無業者がほぼ五％ポイントも増加しているのが、この図から読みとれる。無業者といっても親に食べさせてもらっている人や失業者などさまざまであるが、とにかく自分で働いて所得を稼いでいない人が、かなり増加したことを意味している。その後、職を見つけた人もいるだろうが、若年期に無業者だった人は中年期においても無業者でいる人が多いだろうと、予想できる。この予想は三〇～三九歳という中年に達した人の二〇〇七年の数字が七％とされているので、当たっている予想なのである。

以上をまとめると、現代の中年層の男性は、非正規労働者として働いている人がかなり多く、かつ失業を含めた無業の人も結構多いと結論づけられるのである。低所得ないし所得ゼロの中年男性がかなり存在していて、これらの人は生活苦に陥っていると考えられる。

女性の二二～二九歳という若年に注目すると、男性とは異なる様相を呈している。無期正社員に関しては、一九八七年から二〇〇七年まで多少の変動があるが、男性ほどの下降は見られない。

表1－1　性別、年齢別に見た未婚率・婚姻率・離婚率（%）

女性

年齢	未婚率（独身割合）	婚姻率（結婚割合）	離婚率
20歳	96.8	2.9	0.2
25歳	76.8	21.6	1.5
30歳	41.9	54.5	3.5
35歳	26.7	67.8	5.3
40歳	20.5	71.6	7.4
45歳	17.4	72.1	9.6
50歳	13.6	74.1	10.4
55歳	9.5	76.7	10.1
60歳	6.8	77.4	9.2
65歳	5.5	74.4	8.8

男性

年齢	未婚率（独身割合）	婚姻率（結婚割合）	離婚率
20歳	98.2	1.7	0.1
25歳	85.5	13.9	0.6
30歳	55.0	43.3	1.6
35歳	38.4	58.8	2.8
40歳	31.4	64.6	3.8
45歳	27.8	66.6	5.3
50歳	22.7	70.2	6.5
55歳	18.1	73.9	7.0
60歳	14.8	76.3	6.9
65歳	11.3	78.5	6.7

出所：『良い家庭』https://fromportal.com/kakei/ より引用。元の統計は平成27年国勢調査

表1－1のつづき　結婚する人の割合（同年齢全体を100％とした場合）

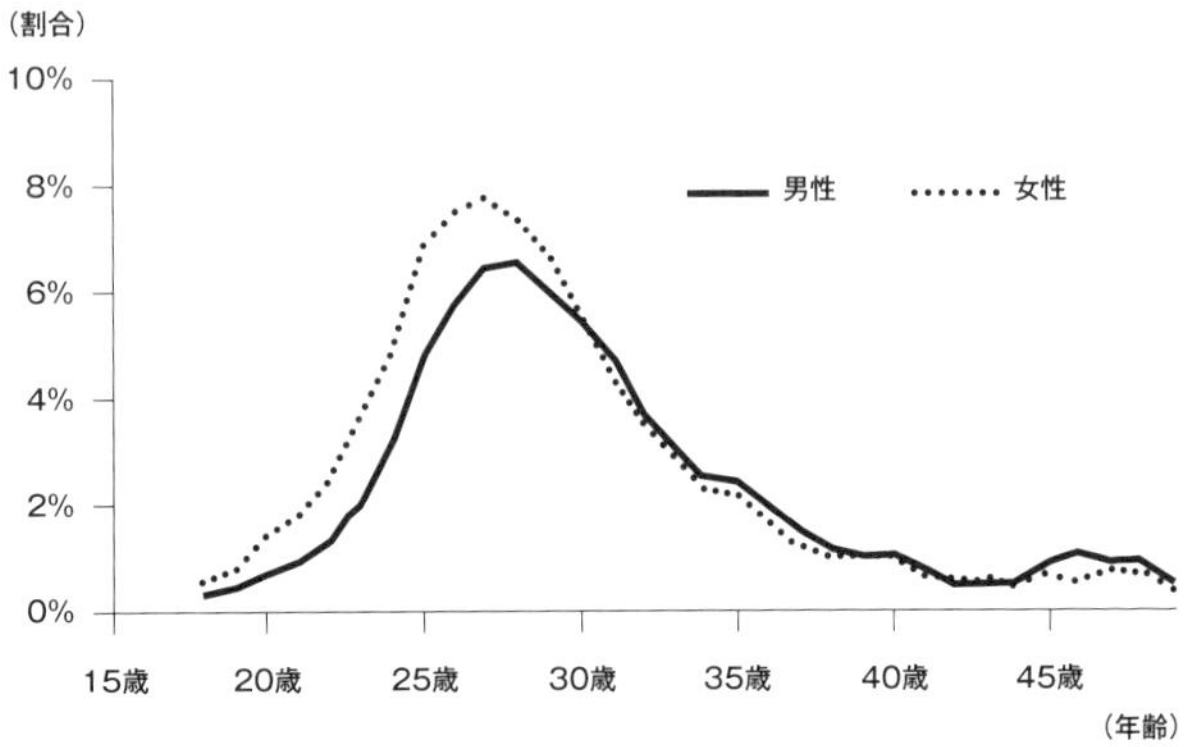

（注）2015年10月1日現在で、配偶関係不詳を除いた値です。時間の経過による傾向の変化や人口動態の変化がないと仮定して計算しました。結婚する割合は1歳下の年齢からの未婚率の低下幅を用いています。
出所：『良い家庭』https://fromportal.com/kakei/ より引用。元の統計は平成27年国勢調査

むしろ重要な事実は、有期非正社員と無期非正社員の合計が、七％から二二％へと一五％ポイントも増加していることにある。世の中では非正規労働者の激増が確認されている。これは男性にも見られたが、より女性に顕著だったことがわかる。こうした傾向は、これら若年層が中年層になった今でも当てはまるのである。これは二〇〇七年に三〇～三九歳の女性に関して、非正規が一五％、仕事を従、家事を主とする女性が二〇～三〇％もいることによって確認できる。三〇～三九歳の女性にこのように非正規労働者の多い事実は、これらの人が独身であれば経済生活はとても苦しいだろうが、かなりの割合が既婚者なので夫の収入がある程度あれば、経済生活はそう悲惨ではないだろうとみなしてよい。

　このように未婚・既婚の区別が重要となると、次の関心は中年層においてどの程度の割合の人が未婚か既婚かということになる。まずは表1－1は統計によってこの年代の人の未婚率・結婚

率・離婚率を示したものである。中年期を三五歳から六〇歳までとみなして分析を進める。もっとも中年を四〇歳から始まるとする見方もあるので、中年を三五歳からかそれとも四〇歳からかここでは、そう厳格な区別にこだわらない。

まず女性に注目すると、二五歳で七六・八％、三〇歳で四一・九％、三五歳で二六・七％の未婚率なので、二〇歳後から三〇歳前半で結婚する女性がとても多い。四〇歳以上から五〇歳までが一〇％後半、六〇歳までは五〜一〇％のあたりという未婚率である。

男性に関しては、二五歳で八五・五％、三〇歳でも五五・〇％なので過半数はまだ未婚である。三五歳になると三八・四％に低下するので、男性の結婚年齢は三〇歳台前半に多いことがわかる。驚くべきことは四〇歳台になっても二〇％台の未婚率の高さであり、それは五〇歳台前半まで続く。男性の生涯未婚率を政府は将来三〇％台と予測していると述べたが、その予測を裏付ける数字がこの表からも理解できるのである。中年女性で独身の人はかなりいるが、中年男性で独身の人は、もっと数が多いというのがここでの結論である。

もう一つ悲しい事実を示せば、離婚率が中年女性は五〜一〇％の間で、男性は三〜七％であり、男性は女性より少し低い。離婚は本来ならば男女各一名の組み合わせから発生する事象なので、男女の離婚率は同一であるべきであるが、次の理由でそれが異なる。男女の結婚には夫と妻に年齢差があるので、男性、女性の離婚年齢が異なるのである。それを助長するもう一つの理由として、女性の結婚年齢が既に述べたように、男性より若いときに起きるので、結婚年数が長くなる可能性があることによって、離婚の出現する確率が一見高くなるのである。でもこれら二つの理由はそれほど深刻ではなく、中年の男性も女性も六％前後の離婚率にいると判断してよい。

むしろここで統計では示さないが、男女が離婚してから将来に再婚するかどうかに注目すれば、男性の再婚率の方が女性のそれより高いということがわかっている。これは、女性は結婚はもうこりごりと思う人が多く、また経済生活に不安がない限り家事ができるだけに一人で暮らしていくこともできるのに対して、男性にはさびしがり屋が多いし、家事・育児の能力が低いこともあるので再婚を望むのである。詳しくは、橘木・迫田（2020）を参照のこと。

このように中年期の結婚・離婚を考えると、未婚者がかなりいるという事実と、離婚する人も少なからずいることが分かる。これら中年期の人が経済生活あるいは人生上でどのような状況にいるかは重要な問題となる。後章で詳しく検討する。

最後に、格差問題においてもっとも関心の高い所得格差、あるいは所得分配の平等・不平等が中年期でどういう現状であるかに注目してみよう。特に若年期や高年期にいる人との比較を行って、中年期における所得分配の特色を知っておきたい。それを示したのが表1－2である。年齢階級別に所得分配の不平等度を示したものである。「当初所得」と、税・社会保険料を控除して社会保障給付金を加えた「再分配所得」の二変数に関して、ジニ係数の値を示したものである。所得に関しては、世帯人員の数で調整した「等価所得」を用いて計算したジニ係数である。ジニ係数とは、完全平等（すべての人の所得が同じ）のときに〇・〇、完全不平等のときに一・〇をとる指標であり、数字の大きいほど不平等、格差が大きい。

ここでの最大の注目変数は「再分配所得」である。家計の経済状況を示すには、当初所得よりも政府が税や社会保障で所得を再分配した「再分配所得」の方がよりふさわしい。なぜなら各家計は手元にある「再分配所得」に基いて消費額や貯蓄額を決定するし、生活水準を正確に示しているからである。日本の格差全般については橘木（2016a）が詳しい。

表1－2によると、世代間で所得分配の不平等度はそれほど違いはない。ただしあえていえば、若者世代の分配が平等で、高年世代の分配がやや不平等度が高く、中年世代は両世代の中間にいる不平等度ということになる。中年期にいる人の所得分配は、他の世代と比較すると平等でもなく、かといって不平等でもない、ということになるが、その違いを強調するのはふさわしくない。中年期はそこそこの所得分配の不平等度なのである。

ただし、この中年期のそこそこの所得分配の不平等、あるいはそう大きくない不平等を生む一つの要因は、当初所得の大きい不平等を社会保険料の拠出と社会保障給付で是正しているためである。その現状が表1－2で示されている。すなわち、社会保障制度の存在が所得の再分配にかなり貢献しているのが日本なのである。

ところで所得格差の顔の一つである貧困に注目すれば、中年期の人のなかに抜きさしならない貧困で苦しむ層がいる。それは表1－3で年齢別と世帯類型別の貧困率が示されている。ここで重要な情報は世帯類型別である。中年層の貧困率は他の年代と比較すると貧困率は低いが、世帯

表1－2　世帯員の年齢階級別ジニ係数（等価所得）

【世帯員の年齢階級】	ジニ係数			
	等価当初所得 ①	（①＋社会保険給付金－社会保険料） ②	等価可処分所得（②－税金） ③	等価再分配所得（③＋現物給付） ④
総数	0.4795	0.3398	0.3194	0.3119
0〜4	0.2908	0.2774	0.2625	0.2425
5〜9	0.3054	0.2857	0.2716	0.2549
10〜14	0.3311	0.3117	0.2808	0.2721
15〜19	0.3757	0.3542	0.3182	0.3099
20〜24	0.3472	0.3301	0.3120	0.3072
25〜29	0.3283	0.3054	0.2987	0.3056
30〜34	0.3303	0.2957	0.2852	0.2959
35〜39	0.3400	0.2981	0.2887	0.2731
40〜44	0.3633	0.3163	0.2898	0.2860
45〜49	0.3499	0.3111	0.2889	0.2788
50〜54	0.3416	0.3143	0.2960	0.2865
55〜59	0.4058	0.3705	0.3473	0.3403
60〜64	0.4729	0.3686	0.3497	0.3343
65〜69	0.5673	0.3248	0.3113	0.3153
70〜74	0.6691	0.3056	0.2885	0.3037
75歳以上	0.7445	0.3467	0.3281	0.3485

※1　再分配による改善度＝1－④／①
※2　社会保障による改善度＝1－②／①×④／③
※3　税による改善度＝1－③／②
(注)「総数」には年齢不詳を含む。
出所：平成29年度『所得再分配調査』厚生労働省

表1－3　年齢別と世帯類型別の相対的貧困率（%）

	1999（平成11）	2004（16）	2009（21）	2014（26）
世帯主の年齢				
30歳未満	15.2	15.7	15.5	12.0
30-49歳	7.1	7.2	7.7	6.6
50-64歳	7.7	8.4	9.6	9.5
65歳以上	15.0	14.1	13.7	13.6
全年齢	9.1	9.5	10.1	9.9
世帯類型				
単身	21.5	19.6	21.6	21.0
大人1人と子ども	62.7	59.0	62.0	47.7
2人以上の大人のみ	7.2	7.9	8.3	5.9
大人2人以上と子ども	7.5	7.5	7.5	6.6

出所：総務省『全国消費実態調査』

類型の中で「大人一人と子ども」という世帯の貧困率が二〇〇九（平成二一）年には六二・〇%の高さにいることに注目してほしい。このカテゴリーにいる人とは、死別あるいは離婚などによって単身となり、そのうえで子どもを抱えている人である。すなわち「大人一人と子ども」となる。これには、父子家庭と母子家庭の二つがあるが、日本では母子家庭の方が圧倒的に多い。日本では、女性の賃金・所得の方が男性のそれよりもかなり低いので、母子家庭がここに出現している「大人一人と子ども」の大半を占めているのである。中年層の貧困はこの母子家庭の問題がもっとも深刻であると認識しておこう。これについては後に詳しく検討する。

高年期

格差を話題にして高年期の人に焦点を合わせれば、貧困問題がまず登場する。先ほどの年齢別と世帯類型別の貧困率の表によると、まずは六五歳以上の高齢者の貧困率が一三・六％ともっとも高い。次いで三〇歳未満という若者の一二・〇％である。さらに、この事実に加えて、世帯類型別のうち単身者が二一・〇％とかなり高いが、両者を合計すると高齢単身者というのが、もっとも高い貧困者となる。そのうちの大半がこれまた女性で、夫に先立たれた妻、そして単身で住む高齢女性が貧困の代表者である。なぜ高齢単身女性が貧困で苦しんでいるかといえば、専業主婦だったら自己の厚生年金はないし、遺族年金だけしかなく年金の額が少ないという効果が大きい。昔は子どもからの送金があったが今はそれが少ない。医療や介護などの保険給付金が少ない、貯蓄額の少ない高齢者がいるなどの理由がある。

もう一つ高年期の格差で指摘しておきたいことは、図1－2で示されるように、高齢者（六〇歳以上と七〇歳以上の人）に関して実に三〇％前後の人が資産額ゼロという実態である。つまり貯蓄のない高齢者がおよそ三割も存在しており、何か不意のリスク（病気や要介護、貧困、あるいは自然災害など）に襲われたら対処に問題が生じること必至である。いわば安心のある生活を送れない高齢者がこれほどいるのである。高齢者に所得・資産格差の大きい理由については橘木（2016b）に詳しい。

もう一つ高齢者の生活環境に発生している現象は、高齢になって一人で住む人の増加である。まず統計でそれを確認しておこう。図1－3は一九八〇（昭和五五）年から二〇二〇（令和二）年での実績値と推計値を、一人暮らしの高齢者数に関しての動向を示したものである。

およそ四〇年弱前は一五・五%にすぎなかった比率が、二〇二〇（令和二）年では三一・三%までの増加が予測されており、およそ一六%ポイントの増加である。絶対数で評価すれば、

図1－2　高齢者の金融資産保有額割合（%）

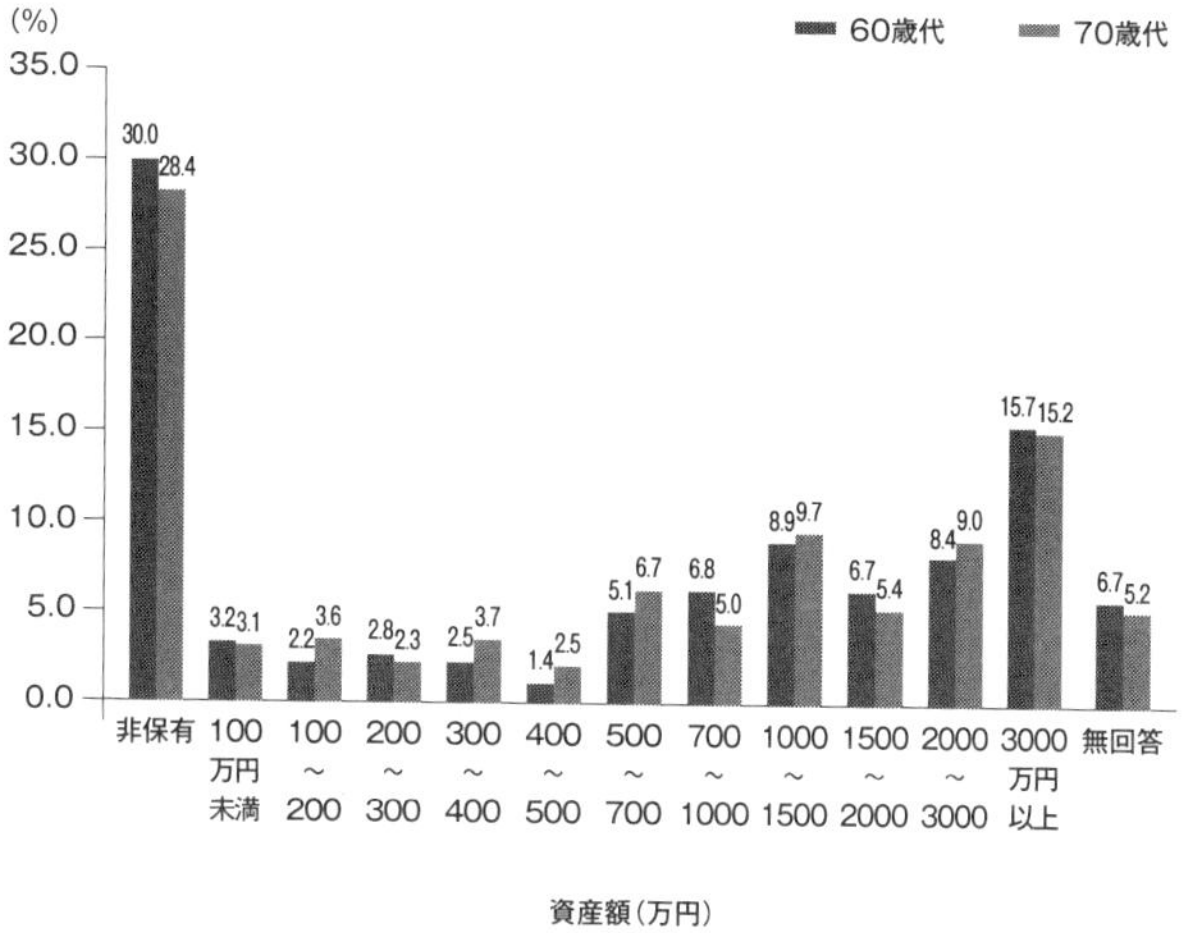

出所：金融広報中央委員会『家計の金融行動に関する世論調査』2011年

図1－3　一人暮らし高齢者数の推移

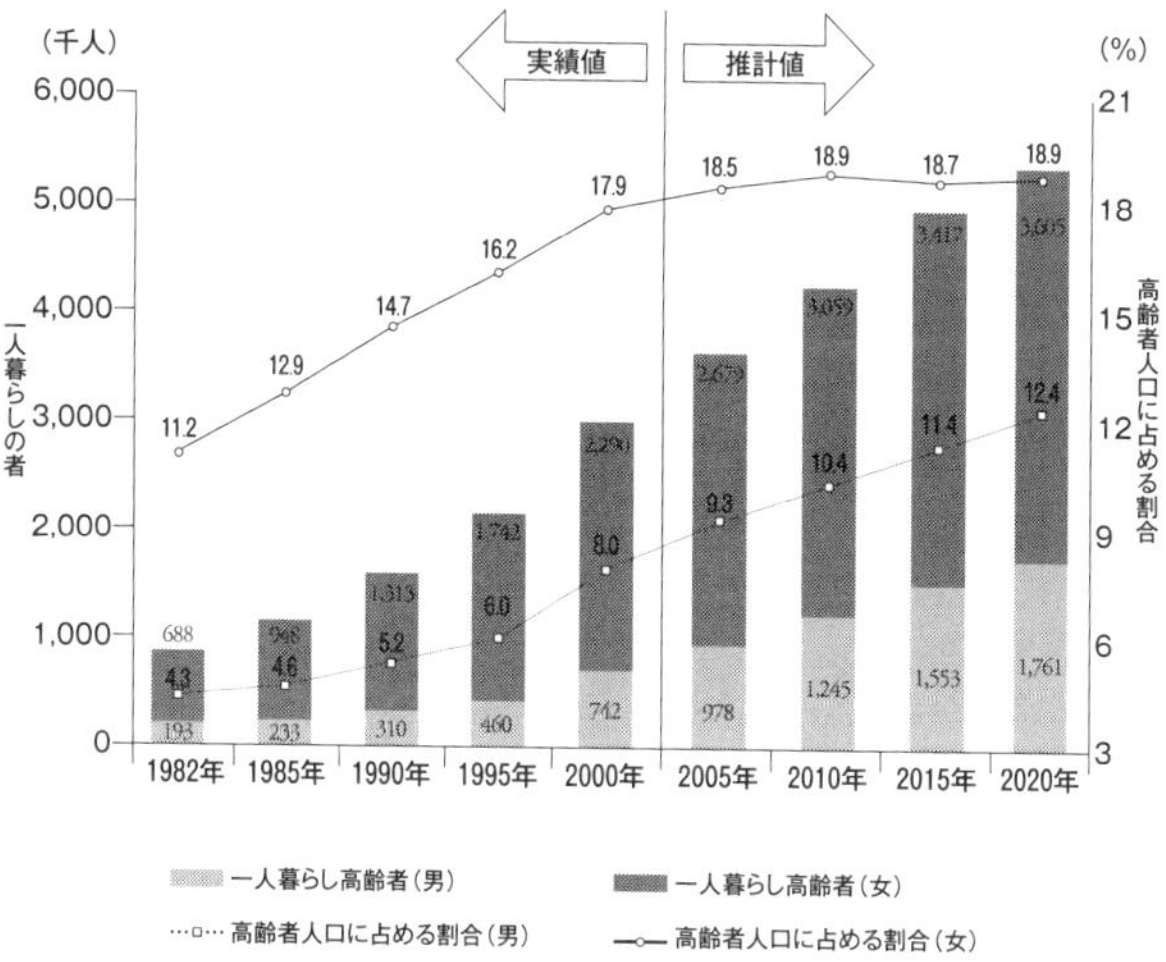

出所：厚生労働省老健局『2015年の高齢者介護』

一九八〇年に八八・一万人だったところ、二〇年後の二〇〇〇（平成一二）年では三〇〇・二万人に達し、二〇二〇年では五三六・五万人という非常に多数の一人暮らし高齢者の存在が予想されている。

この急増は、もともと一度も結婚しなかった人の増加という理由がある。さらに、高齢になって配偶者に先立たれた人が、子どもなどの親族と一緒に住まず、一人暮らしをする高齢者の増加がもう一つの理由である。ここ数十年の間の日本は、三世代住宅の激減現象が見られており、一人身の高齢者の増加はこの家族のあり方の急激な変化を反映したものである。一人暮らしには生活上で多大の不便が伴うだろうし、不安感も大きいだろうということは避けられない。

強調すべきことは、一人暮らし高齢者の大半は女性である。二〇二〇（令和二）年であれば、女性が男性の二倍である。興味深いことは、二〇〇〇（平成一二）年であれば、それが三倍だったところ、ほぼ二〇年間でかなり倍数は減少している点である。これは一人暮らし女性の数が急増したのは、二〇世紀の末に見られた現象であり、二一世紀に入るとその急増がやや低下したことによる。ただし、女性高齢者の一人暮らしが男性のそれよりもはるかに数の多い事実には変化はない。

こうして単身女性を中心にして高齢者には貧困を筆頭に、かつ一人暮らしの高齢者（特に女性）には生活に不安のある人が多いのであり、本来ならばもっと議論すべき話題であるが、本書の主要関心は中年期にあるのでこれ以上言及しない。

第2章　正規と非正規のあいだ——中年期に特有の問題として

就職氷河期とは何だったのか

　前章で現代の中年層が経済的な苦労をしていることを述べたが、その源泉をたどれば、これらの人が若い頃に就職探しに苦労したことに原因がある。それは就職氷河期（一九九三（平成五）年―二〇〇五（平成一七）年）と称される時代に就職しようとした若者であり、それらの人が今の中年になって、種々の課題を背負いながら生活をしていることを意味している。そこでまずは就職氷河期とは何であり、どういう時代であったかを知っておく必要がある。

　就職氷河期を理解するには、まずは日本の労使関係の特色を理解しておいた方がわかりやすい。かつてOECD（経済協力開発機構）は次の三つを日本の労使関係の「三種の神器」と称した。すなわち終身雇用、年功序列、企業別労働組合の三制度を賛美した。日本の高度成長をもたらした要因の一つとしてこの特色を積極的に評価したのであった。終身雇用（長期雇用）は労働者が一つの企業に長い間勤務する、年功序列は労働者の賃金や昇進を勤続年数に応じて決定する、企業別組合は欧米のように産業別や職業別に労働組合を結成するのではなく、一つの企業に勤める労働者だけで一つの労働組合を組織する、ということである。

　この三つの制度、実は大多数の労働者に該当するのではなく、それほど多くの労働者がこの制度の中にいるのではない。なぜならば、これらは大企業に主として見られる現象であるが、よく知られているように、日本企業では中小企業で働いている人の方がはるかに数が多いからである。しかし重要なことは、中小企業を含めた日本の企業において、この三つの制度を理想型ないし標準型とみなしていて、できればそうでありたいと希望していたことだ。

この三つに加えて、ここでもう一つの重要な制度を四つ目として述べておこう。就職氷河期と直接関係のある制度として、「新卒一括採用方式」の存在である。これは学生が三月の卒業後、四月に企業によって新規採用される制度である。もとより中途採用もかなりあるが、新卒生を年に一度に大量採用するのが日本企業の特色であった。

この制度は企業が不況に陥ったときに、新規採用を抑制するという手段を用いるのを促す特色を有する。企業経営が不振になると労働費用の削減が迫られるが、解雇が容易でない日本企業では採用数を減らす作戦に出ざるをえない。そのときに直接の影響を受けるのが新卒生であることは当然となる。バブル崩壊後の一九九〇年初頭に日本企業は長期の大不況に陥り、新規学卒の採用数が大幅に減少した。それがまさに就職氷河期に相当するのである。そしてその効果が、当時新卒生だった人が今の時期の中年期、そして後の高年期まで続くのである。

ここでバブル不況を一言述べておこう。人々や企業が株や土地に投資する際、投機目的と過剰投資に走ると株価や地価がバブル（泡）のように異常に高騰するが、いづれ泡が崩壊するように株価・地価は急落する。バブルが崩壊すると金融機関は大量の不良債権を抱えることになり、いくつかの金融機関（日本では山一証券、北海道拓殖銀行、日本長期信用銀行など）が倒産し、金融不安や信用崩壊が大きくなる。日本でもそのために金融引き締め政策が採用された。これが契機となって、実体経済にまで影響が及んで大不況になったのである。「失われた二〇年あるいは三〇年」という言葉がこれを物語っているのである。

就職氷河期に話題を戻して、この時期に大卒と高卒の新卒生がどれだけ就職に苦労したかを確認しておこう。表２－１は最近の就職率、図２－１は戦後から現代までの、大卒と高卒の就職率を示したものである。

表２－１　大卒と高卒の就職率

大学卒

年卒	就職率
1990	81.0
1992	79.9
1994	70.5
1996	65.9
1998	65.6
2000	55.8
2002	56.9
2004	55.8
2006	63.7
2008	69.9
2010	60.8
2012	63.9
2014	69.8

高校卒

年卒	就職率
1990	35.3
1992	33.1
1994	27.7
1996	24.3
1998	22.7
2000	18.6
2002	17.1
2004	16.9
2006	18.0
2008	19.0
2010	15.8

出所：文部科学省『学校基本調査』

まず大卒であるが、バブル崩壊直後の一九九〇（平成二）年はまだ不況の影響がなかったので、八一％という高就職率である。その後不況が深刻になると、就職率は急な低下を示すようになり、最悪時の二〇〇四（平成一六）年にはなんと五六％にまで落ちた。半分弱の大卒生が職を見つけられなかったという深刻さであった。これだけ就職者の数が減少したのに、そういう人はどこに行ったかといえば、大学院に進学した人が一〇％前後、就職をあきらめて自営業になった人、家事手伝いになった人（女性に多い）、失業者になった人、非労働者になった人、など様々である。いずれにせよ雇用者になれなかった人が就職氷河期には数多く出たのであり、こういう人は経済

図2－1　大学卒業生の就職者の割合（就職進学者含む）、高校卒業生の就職者の割合（就職進学者含む）

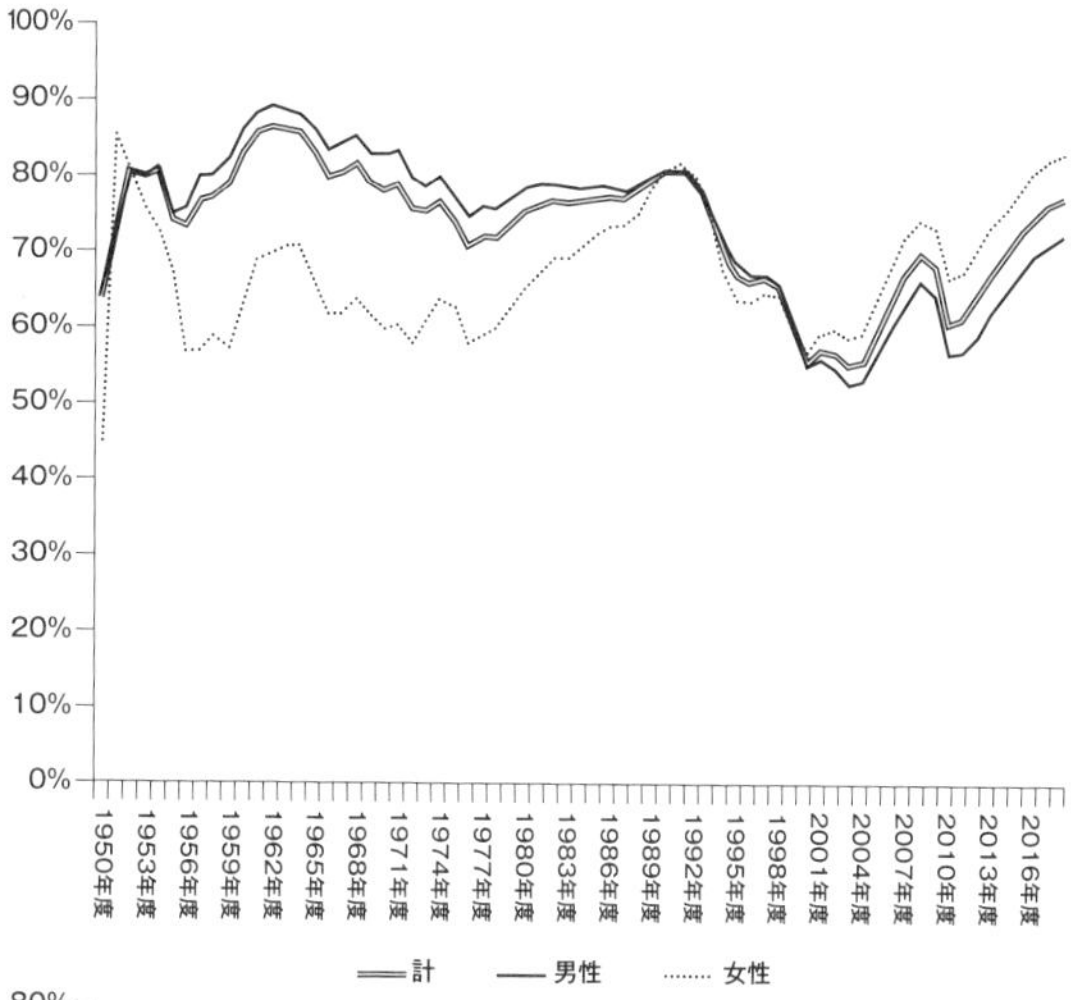

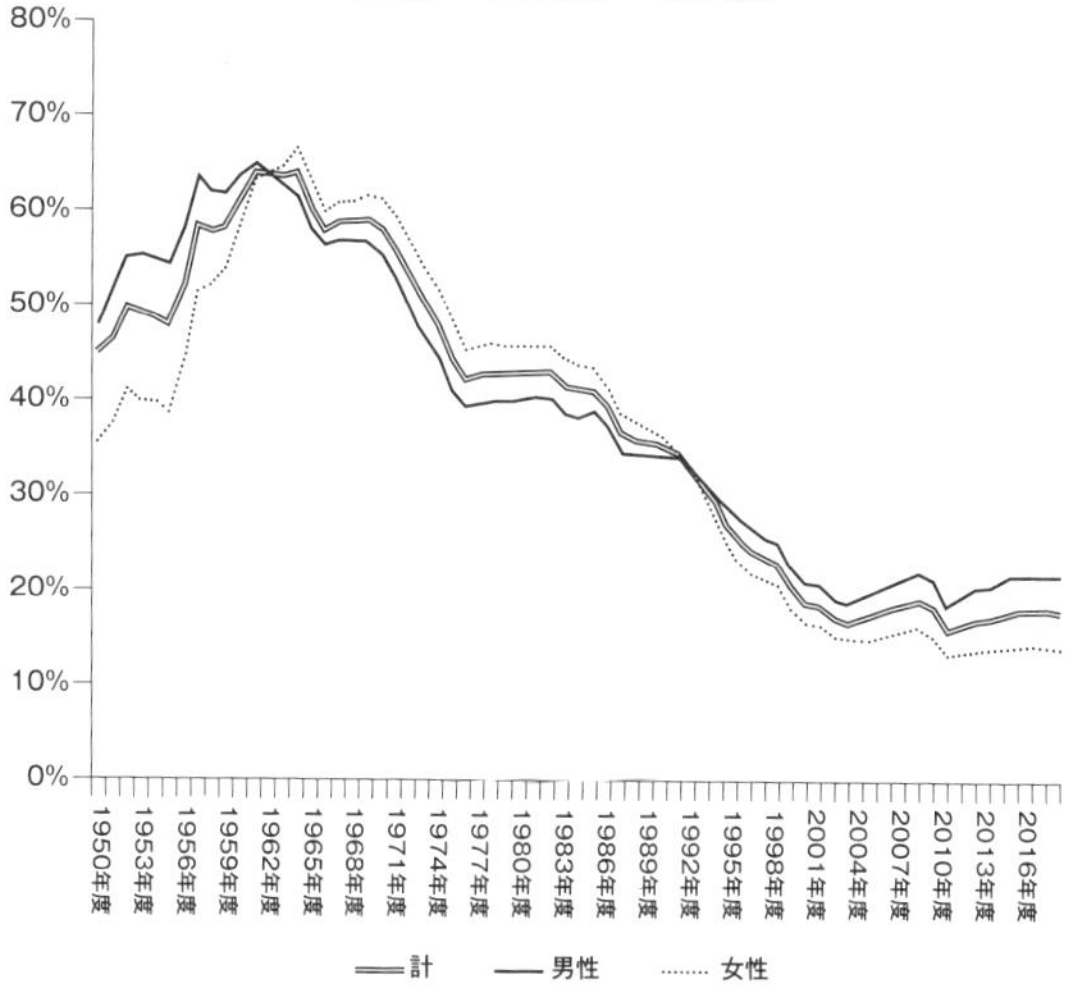

出所：『ガベージニュース』www.garbagenews.net、
原表は文部科学省『学校基本調査』より

的に苦しい生活を強いられるようになった。さらに雇用者になった人でも、正規社員ではなく非正規社員に甘んじる人も相当いた。この人々も苦しい経済生活を強いられたのは確実である。非正規労働者のことは後に詳しく論じる。

高卒について簡単に述べておくと、一九六五（昭和四〇）年あたりは就職率はとても高く、その後一貫して低下を示した。現在では新卒高校生の二〇％ほどしか就職しておらず、これは大学進学率が大幅に高まったことの反映である。家計所得の豊かさが増したので、現在では高校生が大学に進学したいと思う希望を、満たすことができるのである。

実は就職氷河期の深刻さを端的に示すには、新卒者の就職内定率の方がより直接なので、それを示しておこう。それは図２－２で示される。大卒者についていては一九九七（平成九）年から二〇一二（平成二四）年までの一六年間、高卒者についていては一九六三（昭和三八）年から二〇一二（平成二四）年までの二五年間の長期にわたって示した図である。これらの図は就職の内定時期別に示されているが、主たる関心は四月一日か三月末の卒業の時期にある。

まず大卒ついていては、最悪に近い年代は二〇〇〇（平成一二）年の九一・一％であり、これは先程の図による大卒就職率が最低の年である二〇〇四（平成一六）年に近いので、この時代が『就職氷河期の最悪期』に相当する。なお大卒の内定率が大きく変動していない理由は、不況が深刻だと新卒大学生が求職をしても見つからないだろうとあきらめて、求職をやめるか大学院に進学する希望に変わるからである。とはいえ二〇〇〇（平成一二）年を過ぎると、少しは内定率は高

図2－2　新規大学卒業者の内定率の推移、新規高校卒業者の内定率の推移

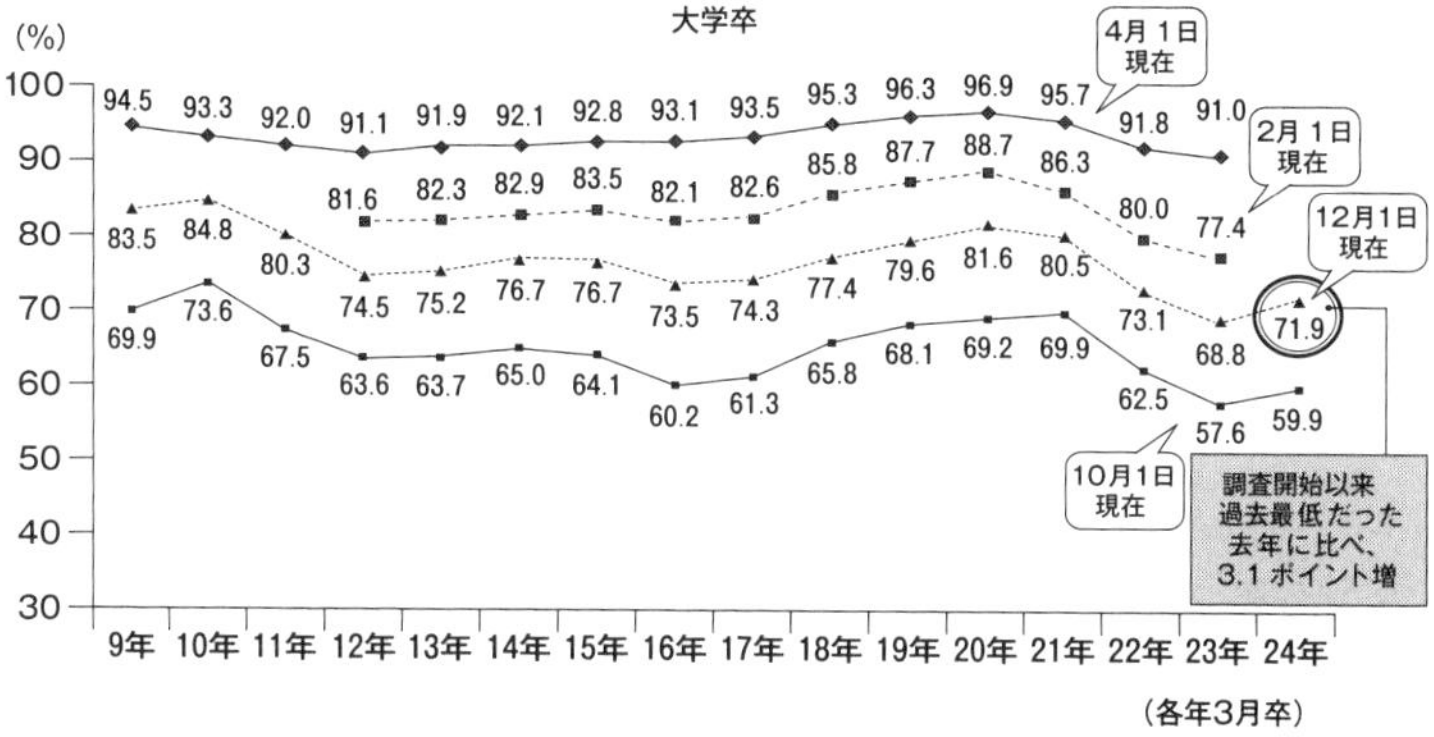

（注）内定率とは、就職希望者に占める内定取得者の割合。
出所：『大学等卒業予定者就職内定状況調査』（厚生労働省・文部科学省）

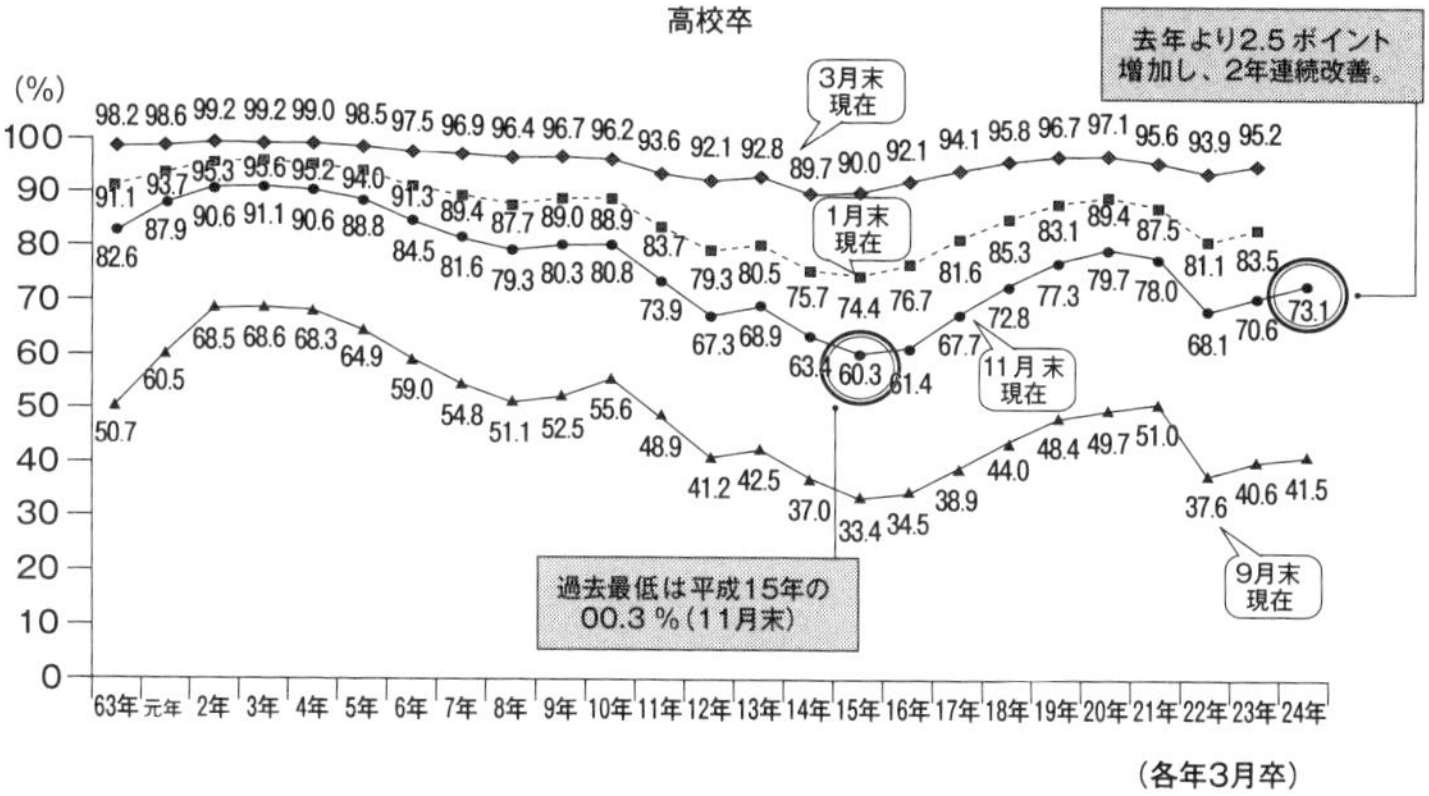

（注）求職者数とは、学校又は公共職業安定所の紹介を希望する者の数
出所：職業安定業務統計

まったことがわかる。ただし、二〇一〇（平成二二）年を過ぎると、再び多少の減少を示した。

高卒に注目すると、大卒よりも内定率の変動が厳しい点に気が付く。企業は不況への対策の一つとして新卒生の採用を減らすに際して、大卒よりも高卒をその対象とする可能性が高い。それは大卒には幹部候補生が多いので、長期的な人事政策の関点から不況でも大卒をできるだけ採用するからである。高卒に関しては、現業で働く人が多いので、高卒の採用を減らして非正規の労働者で代用する策を取る可能性が高い。

就職氷河期に求職時期を迎え、失業者になったり、非正規労働者になったり、あるいは不本意な仕事をする職に就いている人たちが、中年になっても労働条件なり生活振りがなぜ好転しないのか、その理由を探究しておく必要がある。それは既に述べた日本の労使関係の特色から説明できる。

どういうことかというと、新卒採用のときにいい職（例えば、正規雇用や大企業で働くということ）に就けなかった人、あるいは失業者や非労働者になった人は、その後に転職してもっと好ましい職に就いたり、あるいは新しい雇用先を見つけるのは、困難なのが日本の労使関係なのである。新卒一括採用が主なので、学校卒業後に何年間か経過した人を新しく採用しないのが日本企業だからである。新規学卒と終身雇用（長期雇用）が原則なので、中途採用をなかなかしないのである。たとえ中途採用をすることがあったとしても、企業はそれらの人を基幹労働者とみなして将来の幹部候補としての扱いをしない。これも終身雇用と年功序列のなす処遇なのである。

ここで述べたことを換言すれば、幸いにして新卒のときにいい仕事なりいい企業に就職できた人は、恵まれた企業人生活を送れるが、新卒の時にそれを成し得なかった人は、その後の人生でも復権がならず、半永久的に恵まれない生活を送らざるをえない可能性が高いのである。一度の大学入試でほぼその後の人生が決まるとされる日本社会の特色と、一度の新卒時の求職活動の成否によってほぼその後の人生が決まるという特色とは同質と考えてよい。日本社会は一度失敗すると、もう復権は困難という特質を有しているが、それが大学入試と新卒時の就職なのである。

多少景気が良くなれば、これら中年期の恵まれない労働生活にいる人を新しく正規労働者として雇用すればよいのではないか、という意見はありうる。しかしこの政策はなかなか実行されない。その原因の一つは、「新卒一括採用」と年功序列制によって企業は新卒の人の採用を優先するからである。さらにこういう中年労働者（特に後に述べる非正規労働者）は企業で訓練を受けていないので、未熟練労働者のままでいる可能性が高いこともある。

もとよりこのような敗者復活は不可能という日本社会の特色は徐々に消滅の方向にあるが、まだかなり残っている。就職氷河期にいい仕事やいい企業に就けなかった人は、中年になってもその不利さを挽回できないので、苦しい生活を強いられている人が相当数いるのである。

正規労働者と非正規労働者の違い

格差社会に入った日本において、それを説明する根拠として一つ重要なのが、労働者の雇用形態における正規労働と非正規労働の対比である。細かいことを言えば両者の定義はそう単純ではないし、しかもあいまいさが残るものである。しかしわかりやすい定義をすれば、正規はフルタイムで働いており、しかも雇用期間は無限が原則であるのに対して、非正規は労働時間が短くかつ雇用期間が無限ではない、ということになる。前者は正社員と呼ばれ、後者は非正社員と呼ばれることもある。両者間に賃金を含めた労働条件にかなりの格差があり、ここ数十年間の不況経済の継続によって非正規労働者の数が激増したことで低所得の人を多く生み、高所得の正規労働者と低所得の非正規労働者の併存というのが、格差社会の一つの象徴となったのである。

先で述べたことを確認しておこう。まずは非正規労働者の増加である。非正規労働とは、すでに述べたように、労働時間が短く、雇用期間に定めがあるのが二大特色であるが、これに関連していくつかの特性がある。それは、解雇通知があらかじめあればいつでも解雇できる、労働時間も企業側の都合によって自由に変更できる、ボーナス支払いのない場合が多い、労働時間が特に短かければ（例、週二〇時間以下）社会保険制度（年金、医療、失業など）に入る資格がない、などである。これらの諸特性を知ると、非正規労働者の労働条件は悪いと言わざるをえない。なお、派遣社員やアルバイトも非正規のカテゴリーに入る。

非正規労働者の急増を統計で確認しておこう。図2－3は、ここ二〇年弱の間に、形態別に非正規の人がどのように増加してきたかを示したものである。まず全体で見ると、一九八四（昭和五九）年が六〇四万人だったところ、二〇一七（平成二九）年には二〇三六万人に達しており、実

図2－3　正規雇用と非正規雇用労働者の推移

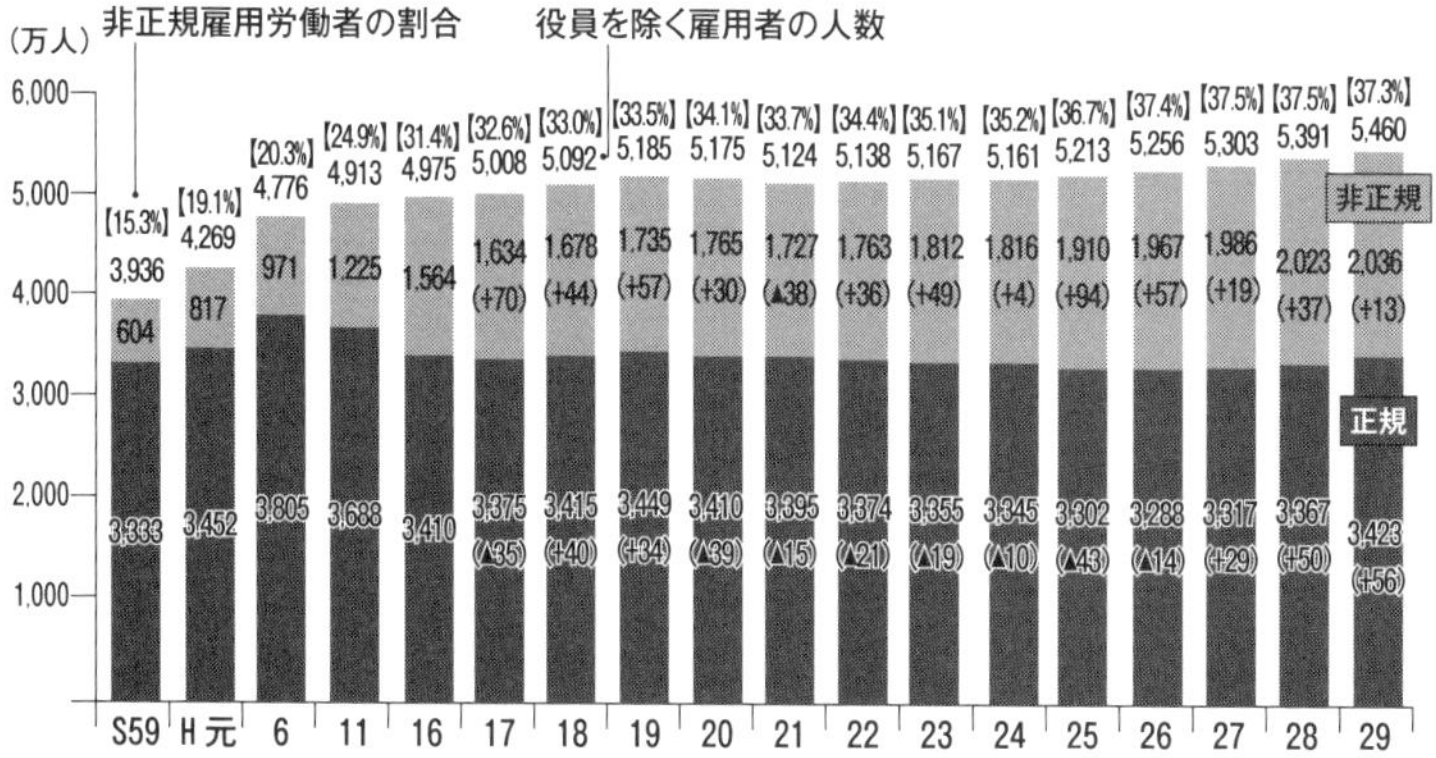

出所：平成11年までは総務省『労働力調査（特別調査）』（2月調査）長期時系列表9、平成16年以降は総務省『労働力調査（詳細集計）』（年平均）長期時系列表

図2－4　非正規雇用労働者の推移（年齢別）

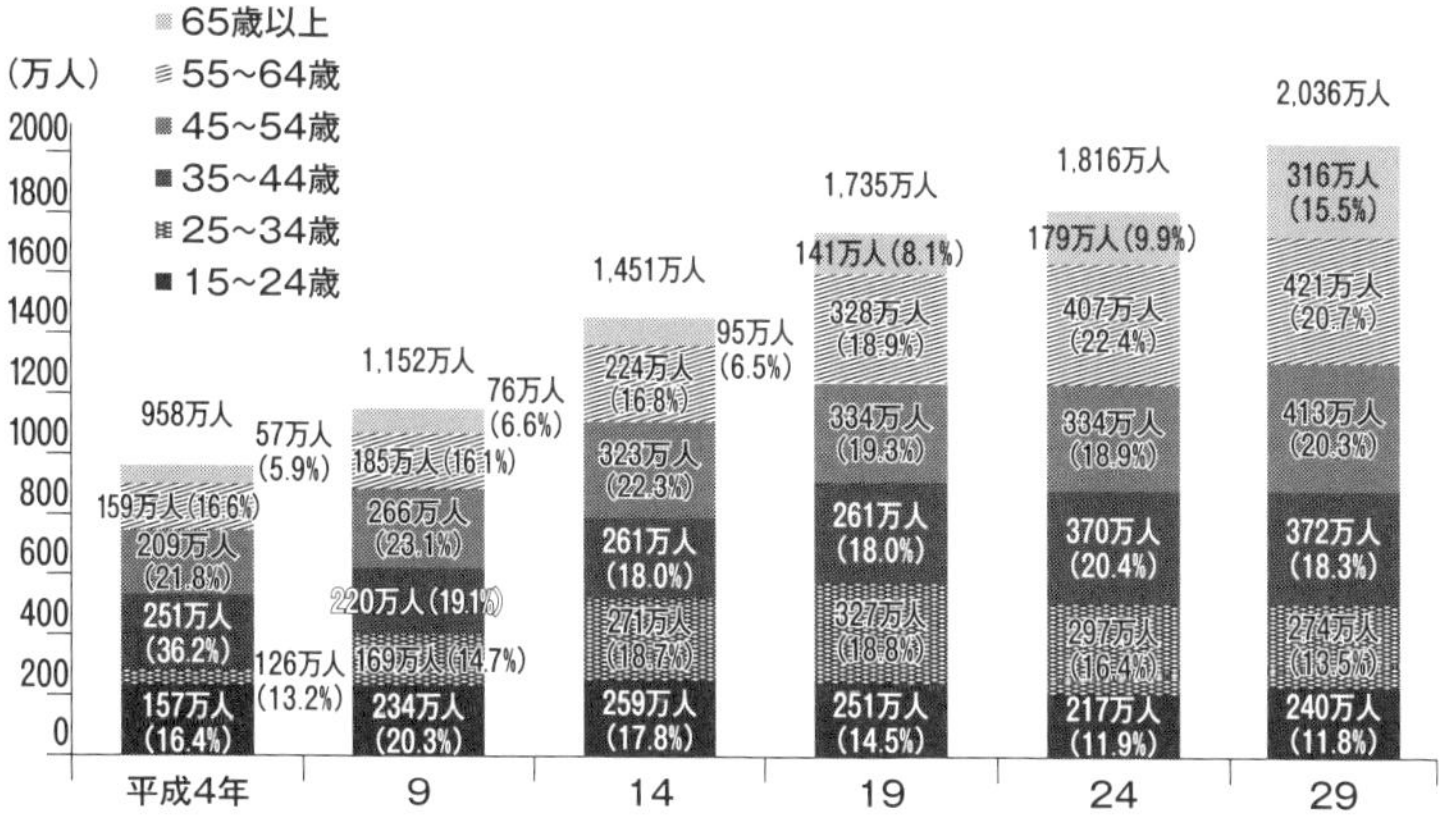

出所：平成9年までは総務省『労働力調査（特別調査）』（2月調査）長期時系列表9表、平成14年以降は総務省『労働力調査（詳細集計）』（年平均）長期時系列表

に一四〇〇万人ほどの急増加である。労働人口に占める比率も、一五・三％から三七・三％へと二二％ポイントの増加であるし、現代ではほぼ四〇％弱の人が日本では非正規で働いているという異常さにいる。異常さというのは少し誇張を含んでいる。非正規の人でも意図的にそれを望んでいる人（特に既婚女性のパート、学生のアルバイト）がかなりいるからである。とはいえ、後に述べるように、たとえ意図的に非正規労働を選択しているとしても、賃金などの労働条件が悪いという事実は厳然と存在している。

ところで非正規労働者のうち、もっとも多いのはパート労働であり、およそ半数を占めている。これは既婚女性と高齢者に多い。次いで二〇・五％のアルバイトであり、これは若者や学生に多い。この両者、すなわちパート労働とアルバイトの増加が、非正規労働の急増を説明する重要な要因である。

本書の関心からすれば、年齢別に見た場合に、中年期の人に非正規労働者がどれだけいるかが興味となる。図2－4は、総計と年齢別の動向を示したものである。二〇一七（平成二九）年でもっとも非正規労働者の多いのは、四二一万人（二〇・七％）の五五～六四歳である。次いで四一三万人（二〇・三％）の四五～五四歳である。これら後期中年期の人（四五～六四歳）に非正規労働が多いのである。これに前期中年期（三五～四四歳）を加味すると、中年層に多くの非正規労働者のいることがわかり、まさに不況の影響を直接に受けた世代の代表とみなしてよい。

それを証明するもう一つの手段は、各年齢別に増加率を見ることにある。一九九二（平成四）

年から二〇一七（平成二九）年まで、一五年間ほどの増加率を計算してみた。一五〜二四歳で一・五三倍、二五〜三四歳で二・一七倍、三五〜四四歳で一・四八倍、四五〜五四歳で一・九七倍、五五〜六四歳で二・六四倍、六五歳以上で五・五四倍となる。

もっとも高い増加率の見られる年代は高齢者である。定年などによる退職後も週に二〜三日とか、一日に四〜五時間とか働くのは健康に良いし、高齢者の持っている技能を若い年齢の人に教える機会もあるので、この増加は悪いことではなくとても好ましい。

次いで高い増加率は四五〜六四歳の中年層の二・六四倍と一・九七倍であり、長い深刻な不況が中年層に及ぼした影響力の大きいことを物語っている。このうちのかなりの割合は、若い頃や中年期にバブル後の不況によって職探しに苦労して、失業の状態からやっとのことで非正規の仕事が得られたか、それともずっと以前から非正規労働を続けているか、のどちらかである。いずれにせよ、中年期の人が非正規で働いており、経済的に苦労している姿が明らかである。

ではどれほどの経済的な苦痛の下にいるかを確認しておこう。図2-5は雇用形態別、男女別に正規労働者と非正規労働者の間でどの程度の賃金差があるかを示したものである。これは年齢別に見ていない平均像の姿である。男性の非正規労働の賃金は正規労働者の約六割強、女性の場合には約七割の賃金しか受領していない。男性の方に格差の大きいのは、男性の正規労働者の中には管理職に就いている人が女性に比較してかなり多く、平均して男性の正規労働者の賃金が高くなるからである。一方の女性では管理職が少ないので、正規労働であっても賃金は低く、したがって格差は小さくなるのである。

もう一つこの図から読み取れることは、男性と女性を比較すれば、正規と非正規ともに女性の方が男性よりも水準としての賃金が低いということである。これは女性差別もあるが、一般に教育水準と就いている職業、そして管理職の地位などで女性が男性よりも低い点の効果もある。

むしろ衝撃的な事実は、年齢別に見た結果に出現する。図2‐6は、一般労働者（正社員と非正社員の両方がいる）と短時間労働者（正社員と非正社員の両方がいる）の間で、一時間あたり賃金額が、年齢でどう異なるかを示したものである。ここでは正社員と正社員以外の格差と一般労働者と短時間労働者に注目してみよう。この図でわかることは、若年層（～一九歳から二九歳頃まで）は正社員と非正社員の間で時給はそう変わらないが、三〇歳を超える頃から賃金が開き始め、そして三〇歳から三五歳を超えると、まず正社員の人の賃金は急カーブで上昇するが、正社員であっても短時間労働の人はなんと賃金は低下に転じるということだ。そして、もっと強調すべきことは、正社員であれ非正社員であれ、短時間労働の人の賃金は年齢を重ねても変化しない点である。正社員の一般労働者だけが年功序列の恩恵を受けて、賃金は上昇を続けるのである。この結果が五〇～五四歳になると、それらの人はかなり高い賃金を得ており、他の労働者との格差は非常に大きくなっているのである。

では一方の非正社員の人の賃金はどうかといえば、年功序列という勤続年数による賃金増加はなく、中年になっても時給が一一〇〇円前後であり、それが高年まで続く。三〇歳から四九歳までの時給は一一〇〇円で、たとえ一日に八時間、月に二二日というようにあたかもフルタイムのように働いたとしても、月額で一九万円前後の賃金にしか達しない。現実は労働時間が短いので、

図2－5　雇用形態・性別平均賃金（2014年）

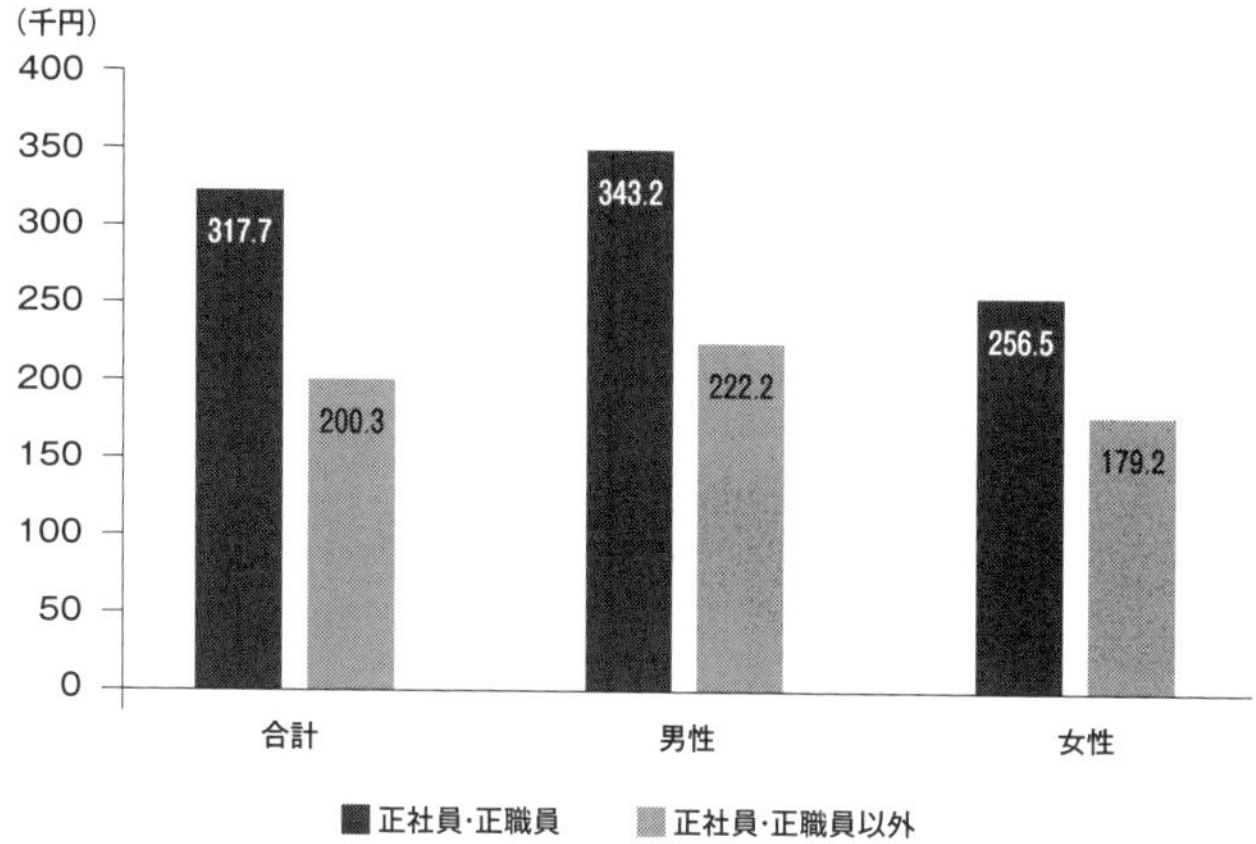

出所：厚生労働省『賃金構造基本統計調査』

図2－6　年齢別に見た正規と非正規の賃金格差

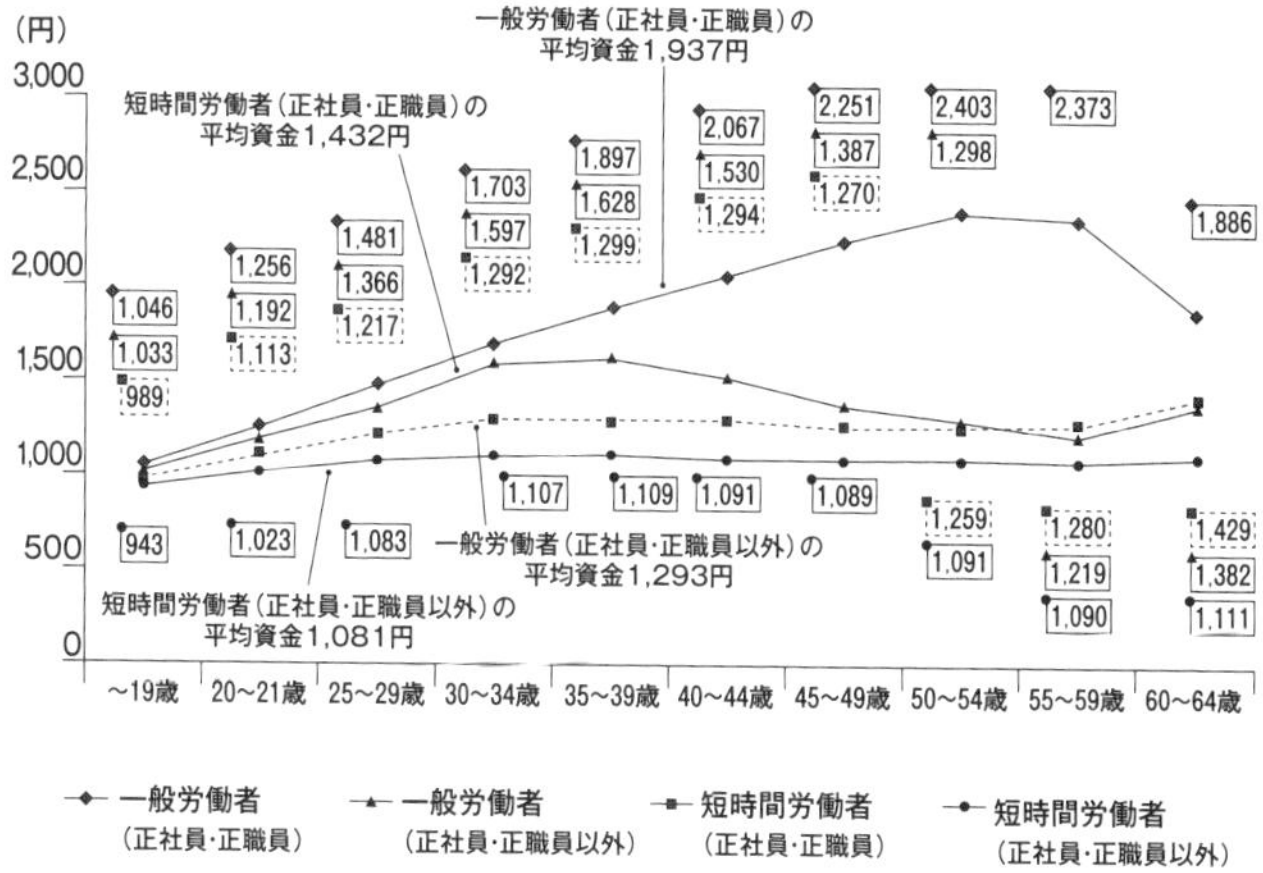

出所：厚生労働省『賃金構造基本統計調査』（平成29年）雇用形態別表

この額より低いのは確実である。一般労働者としての非正社員の時給を一三〇〇円とみなして同じように月額賃金を計算しても、おおよそ二三万円程度にしかならない。

これら中年になってから二〇万円弱、あるいは高くても二三万円の月額の収入であれば、生活が非常に苦しいことは確実である。所得税を払っているかどうかは課税最低限所得あたりなので、ゼロかとても低い所得税しか課せられないであろうが、社会保険料負担がもしあればそれが控除されるので、可処分所得はもっと低くならざるをえない。既婚者で子どもがいれば生活保護支給を必要とするほどの生活困窮者になること確実である。未婚者であれば結婚して家庭を持つという人生は不可能である。

さらに付言すれば、ここで挙げた時給の額は、該当する労働者の平均額であり、この平均額より低い額の賃金しか受領できない人が相当数いることを忘れてはならない。これらの人を貧困者とみなせることは当然であり、悲惨な経済生活を強いられているのである。

ただしここで留意すべきことがある。後に示すように、中年の非正規ないし非正社員の労働者の多くは女性、特に既婚女性で占められている。中年で単身の女性、ないし男性でここに該当する人はそう多くない。こういう人が該当しているなら中年貧困者とみなしてよいが、多くを占める既婚女性においては夫の収入が充分にあれば、貧困の状態にはいないと解釈してよい。ただし、夫が失業しているとか、夫の収入が低ければたとえ夫婦が働いていたとしても、貧困者になる可能性はある。こういう夫婦を橘木・迫田（2013）ではウィークカップルと呼んだ。

もう一つ重要な留意点は、中年の女性で離婚した人は、一部のキャリアウーマンでフルタイムで働いていた人を除いて、一気に貧困者になってしまう点である。特に専業主婦だった人、パートなどの非正規労働であった女性は、技能の程度が低いだけに、離婚後に賃金の高い仕事を探しても、なかなか見つけられないのは確かである。日本では男性よりも女性が離婚後に子どもを引き取る確率がかなり高い。子どもを引き取った女性であれば、生活費を一人で負担できるほどの収入はない。母子家庭の貧困者の生まれる理由がここにあり、およそ五〇%の母子家庭が貧困に陥っている現状がある。女性の離婚者が貧困に陥る事実は橘木・迫田（2020）で詳しく分析されている。

生活水準と家族の有無

統計によると中年期の貧困率が他の年代と比較すると低かったので、中年期の生活状況は一見するとそう苦しくなさそうに思われるかもしれないが、四つ留意すべき点がある。それをここで考えてみよう。

第一に、貧困率を年代別に、かつ時系列で追跡すると、意外なことが発生している。図2－7で示されるように、中年層の貧困率は、ここ三〇年間に減少傾向にある。三〇歳未満の若年貧困率は大きく増加したが、六五歳以上の高年層は下降傾向にある。

繰り返すが、中年層の貧困率は現時点では他の年齢層より水準としては少し低いので、一見すると深刻ではなさそうに見える。しかし中年世代は若年期にいい仕事を見つけられなかったこと、そして世代的特徴として後にも述べるが事業の失敗などという現象を中年期では経験する可能性が高いことを強調しておこう。さらに言えば、生活費のかかる世代なので、数字以上に深刻な状況にあると言える。

第二に、家計を年齢階級別に見たとき、消費がどう異なるかに注目してみよう。日本の『家計調査』は家庭が二人以上の世帯と単身世帯の二つに区別して総計を公表している。中年層は既婚世帯が多いので、ここでは二人以上の世帯における消費額を調べてみよう。図2－8がそれを示している。

中年層のうち、月額の総消費額に関しては五〇歳代がもっとも高く、次いで四〇歳代が二番目に続く。三番目の高さとなる三〇歳未満の世帯では収入が低いこともあって、かなり消費額は低い。例えば、二〇一六（平成二八）年度によると、四〇歳未満の世帯では平均二六万一四九〇円、四〇～四九歳では三一万五六六一円、五〇～五九歳で三四万二九五二円、六〇～六九歳で二七万七二八三円の消費支出を一世帯あたり計上している。この数字によって、先に述べたように五〇歳代、四〇歳代、六〇歳代と消費額の高さの順位を確認できる。

特に四〇歳代と五〇歳代は中年層の代表なので、この世代の総消費が非常に高いという事実を記憶しておこう。子どもが成長して教育費のかかる世代であり、中年層の消費量の高さを説明する一つの要因である。中学生、高校生、大学生であれば、学校教育費以外の教育費（例えば塾や習い事、大学生であれば遠隔地の大学で子どもが学ぶと住居費や食料費）が必要となる、比較的年齢の高い子どもを持つ世代なので、高い教育費のかかることは当然である。

図2－7　相対的貧困の過去と現在

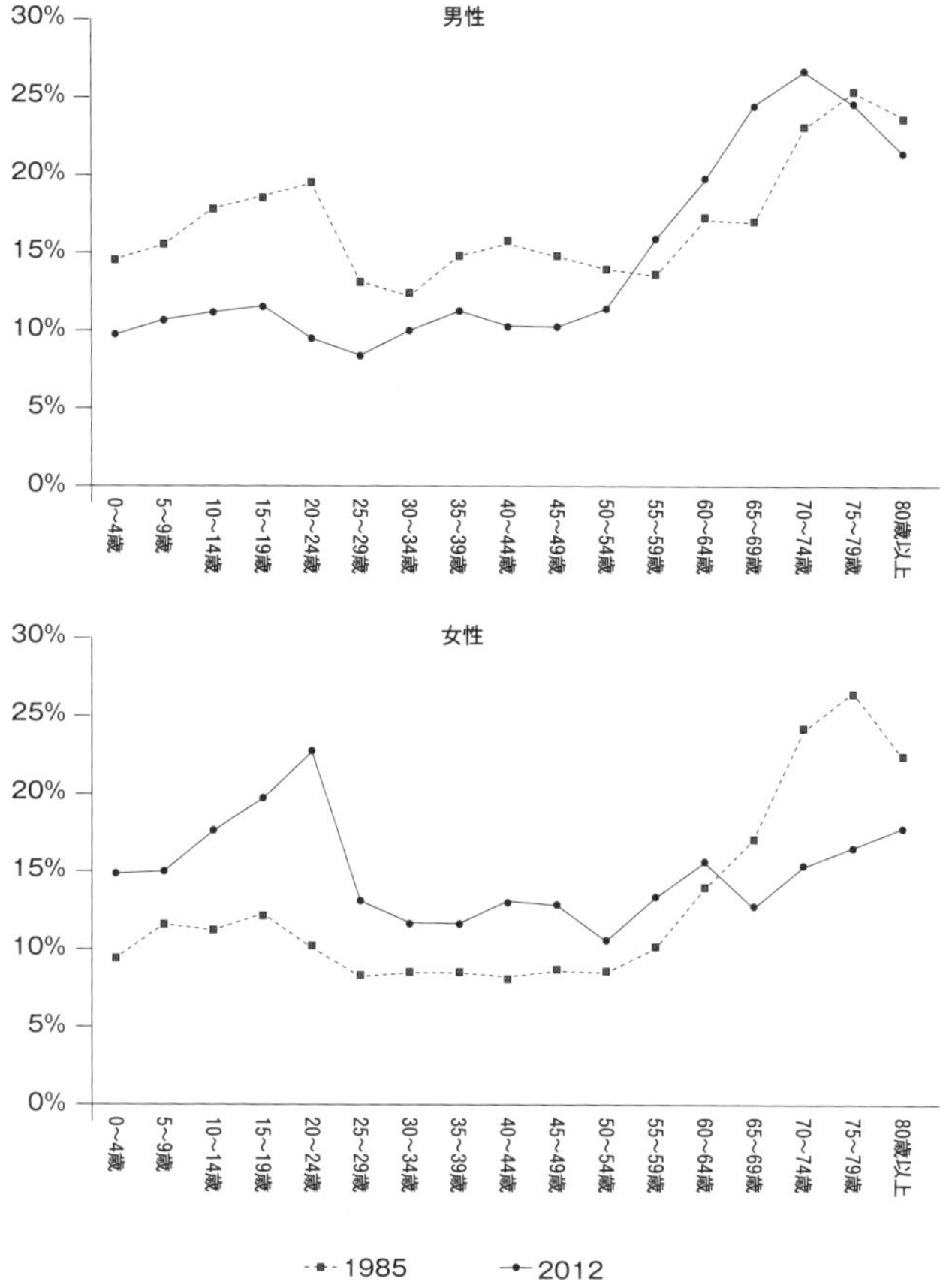

出所：厚生労働省『国民生活基礎調査』

図2－8　世帯主の年齢階級別消費支出額（二人以上の世帯）2016

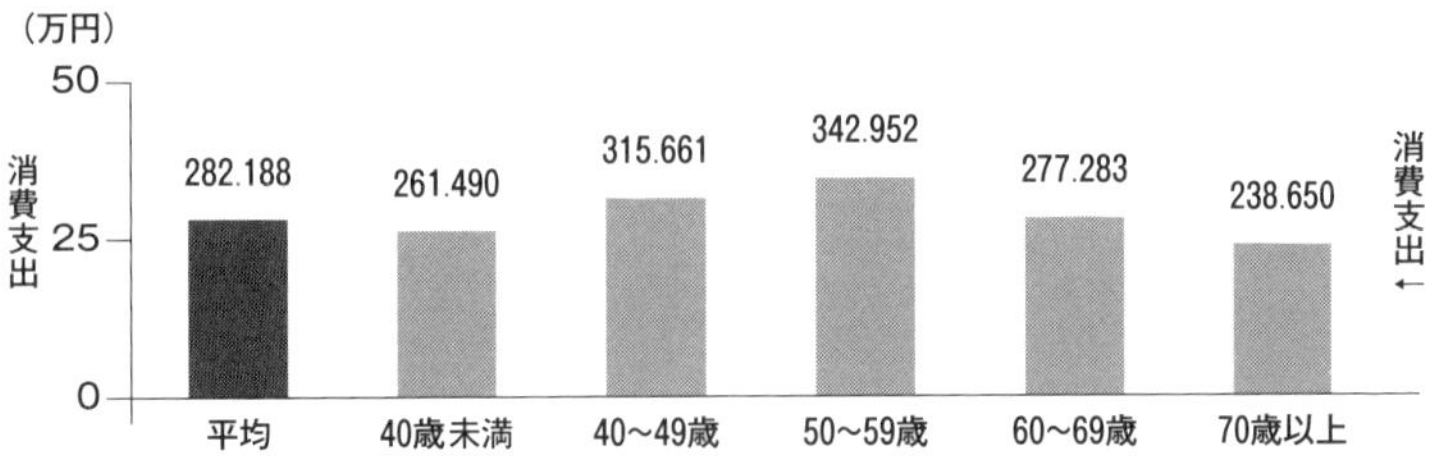

出所：総務省『家計調査』

この教育費支出の多いことを統計で確認しておこう。図2－9は二人以上の世帯の年齢別に年間の教育費関係費を示したものである。これによると、四〇代が年額四八・五万円、五〇代が五一・九万円と、他の年代よりもはるかに高い教育費支出をしていることがわかる。四〇代と五〇代では、授業料、教科書・学習参考教材に関して差はないが、五〇代になると仕送り金が多額になっている。これは子どもが遠隔地の大学に進学して、既に述べたように住居費・食料費などの生活費支出があることによる。一方で四〇歳代では、子どもが中学生・高校生の場合が多くて、塾や習い事の支出が多いことによる。

　第三に、年代別の負債額に注目してみよう。図2－10がそれである。同じく『家計調査』によると、四〇歳未満で一八九三万円、四〇～四九歳で一六二九万円、五〇～五九歳で一一五九万円と計上される。四〇歳未満でもっとも高い負債残高を示しているのは、二〇歳台後半か三〇歳台で住宅を購入する人が多く、購入時に負債残高が高くなるためである。その後住宅ローンの返済が続くので、負債残高は年齢を重ねるとともに減少しているのがわかる。なお貯

図2−9　世帯主の年齢階級別1世帯当たり年間の教育関係費（二人以上の世帯）2016年

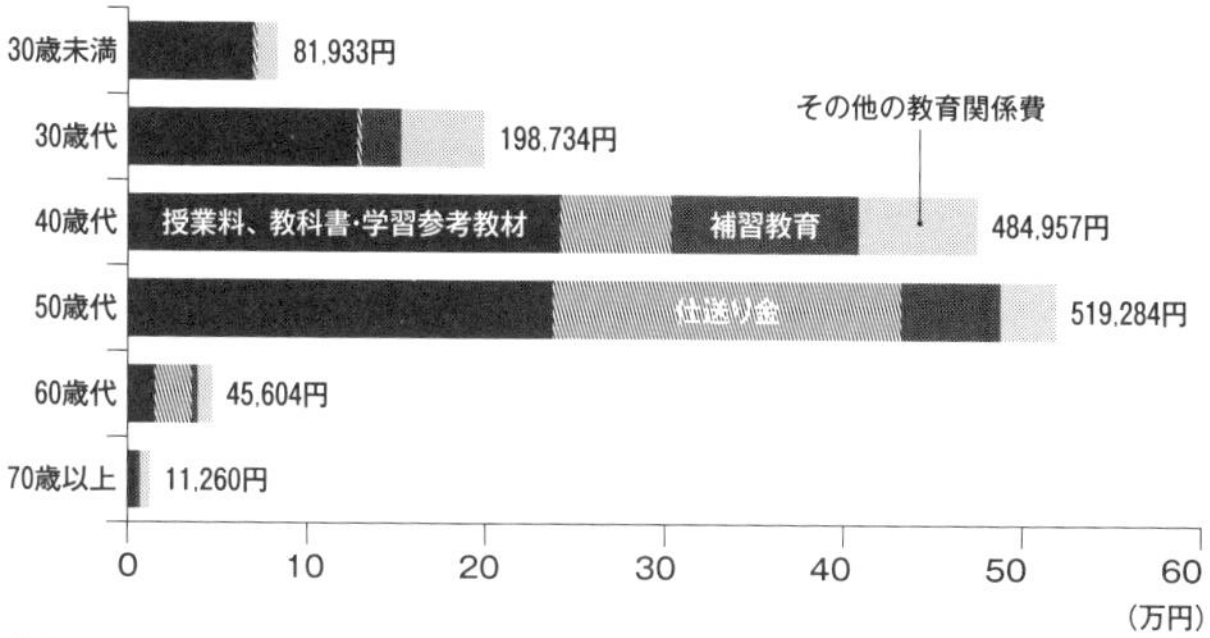

仕送り金：国内遊学仕送り金
その他の教育関係費：学校給食、男子用学校制服、女子用学校制服、鉄道通学定期代、バス通学定期代、書斎・学習用机・椅子、文房具、通学用かばん

出所：総務省『家計調査』

図2−10　世帯主の年齢階級別貯蓄・負債現在高（二人以上の世帯のうち負債保有世帯）2017年

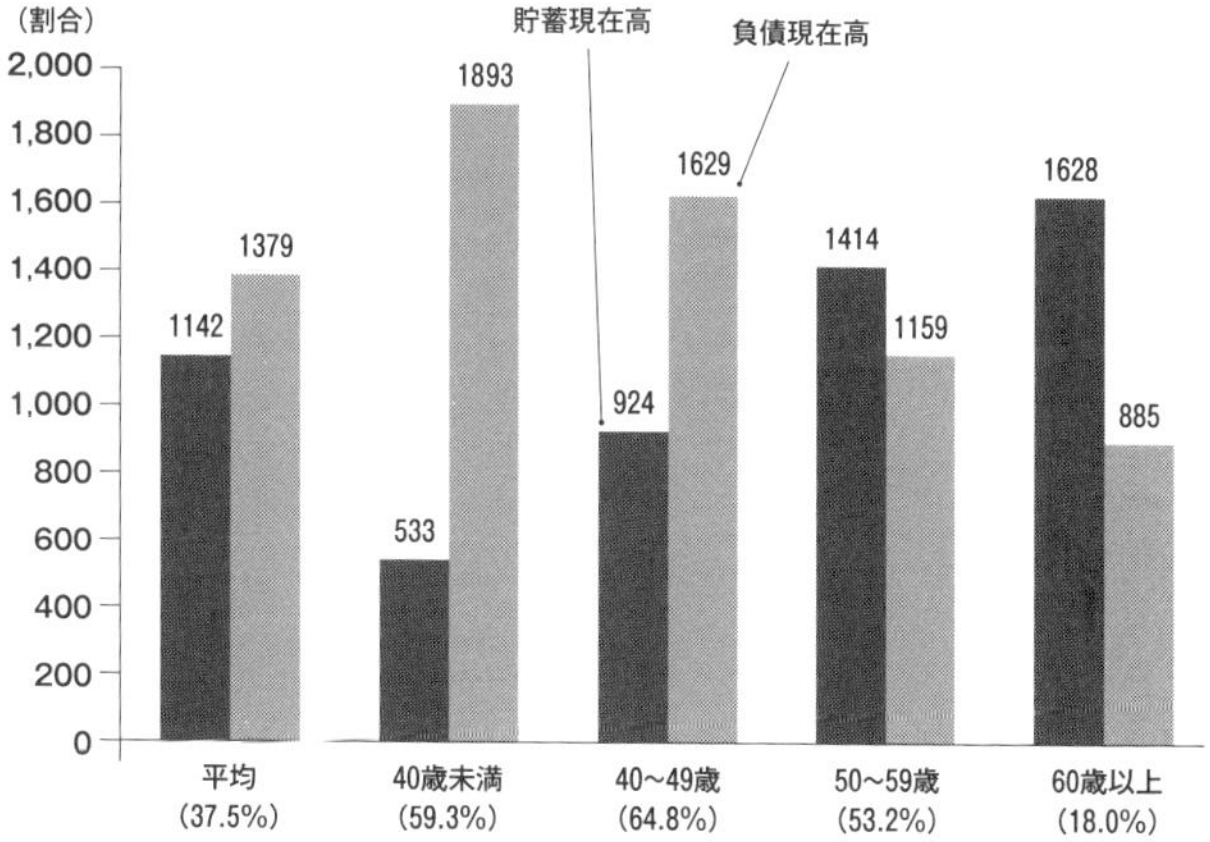

注）（　）内は、該当階級ごとの二人以上の世帯に占める負債保有世帯の割合

出所：総務省『家計調査』

蓄高についても一言述べておこう。これに関しては、年代が高くなるにつれて貯蓄高の増加があり、負債とは異なる様相である。

ここで重要な事実は中年世代は、年齢によって負債残高は異なるが、かなりの額の負債を抱え込んでいる世代だということである。

第四に、第三で述べた負債と関係あるが、中年期は家計破綻者ないし自己破産者の多い世代であることを知っておこう。家計破綻者、あるいは自己破産者とは文字通り家計が経済的に破綻して、生活が不能になる状態を意味する。失業して収入がなくなるとか、負債の返済で首がまわらなくなるとか、経済の状況悪化がその原因である。親の介護に追われて日常生活に支障をきたすとか、夫が妻に暴力を振るったり、子どもが不登校になったりして、家庭生活の運営が破壊を迎えた結果、まともな経済生活を送れなくなったのが遠因として作用することもある。

中年の自己破綻で無視できないのは、事業（特に中小企業や自営業）を経営していた人が失敗して、一気に経済破綻に追い込まれるケースが、結構多いことである。こういう人には時には夜逃げや自殺といった最悪事の発生も見られる。ごく普通の人の経済破綻であれば、生活保護制度の支給に頼ることができるが、事業破綻の場合には負債額が巨額のケースがあるので、復権は困難なことがあるし、時間のかかることもある。

最後に、年代別に家計破綻ないし自己破産がどの程度あるかを示しておこう。日本弁護士連合会の消費者問題対策委員によると、二〇一四（平成二六）年で三〇代で一八・七％、四〇代で二七・〇％、五〇代で二一・一％、六〇代で一八・七％と報告されている。もっとも破綻確率の高いのは、四〇代という働き盛りの世代なのであり、そういう人の中には事業に成功して稼ぎの額の多い人もいるが、一方には経済破綻に追い込まれる人もかなりいるということが分かる。これが中年期の特色でもある。体力的にも精神的にも充実した世代なので活躍の目立つ人もいるのに対して、やや無謀なことをして不幸にして失敗を経験する世代だとも言える。あるいは収入や支出に関して計画性のない人生を送る人にとっても、中年期は経済破綻の発生する確率は高くなるのである。

結婚・離婚といった家族関係からも中年期の経済生活への影響は強い。離婚によってどうなるか、母子家庭の貧困を既に述べたが、ここでは二つのことを追加しておきたい。

第一に、結婚している夫婦であれば、たとえ一方が失業者になるとか、病気になって働けなくなったとしても、配偶者が働いていればある程度の収入があるので、突如として破綻者や貧困者になることは少ない。すなわち片働き世帯よりも夫婦が共に働いていれば、いろいろなリスクに対しての対応が可能なので、生活不安に陥ることは少なく、安心感のある生活を送れる。

第二は、家計所得に注目すれば、共働き世帯の場合には二人の所得の合計になるので、片働き世帯の一人だけの所得よりもかなり高くなるのは確実である。こう理解すると、家計所得の格差を説明する要因として、家庭が共働きかそれとも片働きかの違いがかなり大きな役割を演じる。これまでの日本においては、夫だけが外で働いて、妻は家で家事・育児に専念という専業主婦が主流だっただけに、妻の所得はゼロという家計が多かった。しかし、ここ数十年にわたって既婚女性で働く人の数が増加したので、妻の所得が家計所得に与える効果が強くなった。

もし家計所得を高くしたいのなら、妻が働けばそれに成功すること確実である。しかしそれは家事・育児に様々な制約を課すことになるので、家庭の運営は専業主婦が家にいる場合と比較して困難さが増す。社会は既婚女性が働いても問題は生じないといった「ワークライフ・バランス」政策を導入しつつあるが、まだ課題は残っている。家計所得ということだけに注目するなら、共働き夫婦の方が確実に高い所得になりうるが、家庭のことを考えれば、高い所得だけで評価できない。特に夫婦に子どもがおれば多大の制約が伴うことになるので、DINKs（double income no kids-子どもなしの共働き夫婦）を選択する夫婦もいる。

人生をやり直せるか

現代においては中年になっている人が経済的に恵まれていない生活を送っている人の多いことはよくわかったが、その根源的な理由の一つは、若い時に就職氷河期に遭遇して、職に就けなかったり、好ましい職に就けなかったことにあった。基本的に長期の大不況の続いた日本経済だったが、一時的には少し景気の良い時期もあった。そのときに好ましい職を見つけられた可能性もあったが、それを実現した人は少なく、若年期のときの不遇が中年期まで続いたのである。

この現象を、「一度不遇に落ちたら二度と復権できない」、「人生はやり直しができない」という現象と理解できなくもない。日本では一度失敗すると成功者の歩む道に戻れない、あるいは一度本流を外れるとその後は傍流を歩まざるをえない、という格言なり社会の掟に近いのだろうか。

これを象徴する現象として、既に述べたように、ＯＥＣＤ（経済協力機構）は「日本社会は一八歳で決まる」とした。大学入試に成功するか、それとも失敗するかで、その人のその後の人生はほぼ決まり、という意味である。就職氷河期に注目すれば、これをうまく乗り越えられた人と乗り越えられなかった人とで、その後の中年期の人生は大いに異なるということになる。

まず就職氷河期の効果であるが、日本企業の採用方式が新卒一括採用を続ける限り、そして中途採用がまだそれほど普及しないのであれば、若い時にいい職に就けなかった人は、転職が困難なので中年になっても不遇をかこつ確率は高いであろう。なぜなら企業、特に大企業は中年の人を多く採用しようとしないからである。

この新卒一括採用方式、そして中途採用を多くしない日本の労働市場の特色は、今後も続くかどうかを検討してみよう。筆者の判断は、新卒一括採用方式はやや崩れると見ている。それは日本にも外資による企業が参入し、かつ増加しているので、そういう企業では伝統的な日本での採用方式を避けて、独自の方式で採用しているのであり、この影響がある。日本企業はこれらの外資系企業に優秀な人を取られすぎると困るので、対抗策を取るだろう。現にその兆候は経団連の会長が学生の就職活動の規制を緩和せよ、と主張していることでもわかる。

もう一つの理由は、たとえ新卒一括で採用しても、今の若者は入社二年から三年で退職するケースが結構見られる。こういう人の採用を企業は進んでいる気配があるので、二年後あるいは三年後の採用の際には一括の採用の枠の中に入らない可能性がある。新卒が企業に就職しても、どうしてもその企業・職場に馴染み切れないことがあるが、そういう場合はむしろ早く転職した方が労働者にとっても企業にとっても好ましい可能性がある。

とはいえ、多少は崩れるとしても原則としては新卒一括採用方式は続くであろう。高校、大学の卒業が毎年の三月末に集中しているので、これらの卒業予定者を集中的に採用しようとするのは自然である。しかももし卒業後にすぐに就職しないのなら空白時間が生じて、ブラブラとなる時間を避けるために、四月の採用というのはごく当然の扱いだからである。すなわち高校、大学の学期が四月から翌年の三月までと厳格に定められる方式が続く限り、新卒一括採用方式は大きく崩れない。ただし一部の大学では九月卒業を認めているし、増加しつつある外国の大学卒業者では六月卒業が多いので、こういう人はその枠外にいる。

新卒一括採用方式、終身雇用（長期雇用）、年功序列は日本の労働市場のワンセットの特色とみなしてよい。終身雇用、年功序列はやや崩壊の兆候を示しており、新卒一括採用方式をワンセットの制度とみなせるなら、これもなし崩し的にやや消滅の方向に向かう可能性を秘めている。

とはいえたとえそれが起こったとしても、現在ないしこれからの新卒生にだけ影響が及ぶだけであり、既に中年期に達している人には関係のない変化である。若い時に新卒一括採用方式が幅広く行われていた頃に学校を卒業し、かつ経済が不況期にあって新卒採用数が大幅に落ち込んでいた頃に求職活動をしていた今の中年世代の人々は、恵まれない仕事に就いている人が多い。たとえ新卒一括採用方式が今になって消滅しても、これらの人の境遇が良くなることはないのである。

ではここで経済的に恵まれない一部の中年層の人生、その不遇を立ち直らせることができるかどうかを考えてみよう。筆者の判断は、一部の人を除いてそれは困難であろう、とするものである。その理由は次のようなものである。ここで「一部の人」という意味は、強固な精神力を持っていて、今自分の置かれた不利な立場をなんとか転覆させたいと努力する人のことである。

第一に、中年になるまでのキャリアにおいて技能や訓練を蓄積する機会に乏しかったので、転職して収入の高い仕事に就ける機会が多くない。非正規労働者には技能蓄積の与えられる機会は限られているからである。それは図2－11で確認できる。教育訓練を企業が従業員に施しているかどうか、正社員と非正社員の間で、ほぼ二倍の差のあることがこの図でわかる。

第二に、日本の企業はいまだに若い年齢の人への採用意欲が強く、中年の人への労働需要は強くない。これを象徴する言葉として、後に議論する「転職は三五歳まで」というのがまだ生きており、三五歳を過ぎた中年を雇用したいとする企業、特に賃金などの労働条件の良好な大企業はそう多くない。

第三に、経済的に恵まれない中年層に、自分の不利な状況をなんとか排除して挽回したいとする人が少ない。これは不幸な事実であるが、一〇年以上もこのような状況にいると希望を失って

図2－11　事業所における教育訓練の実施状況

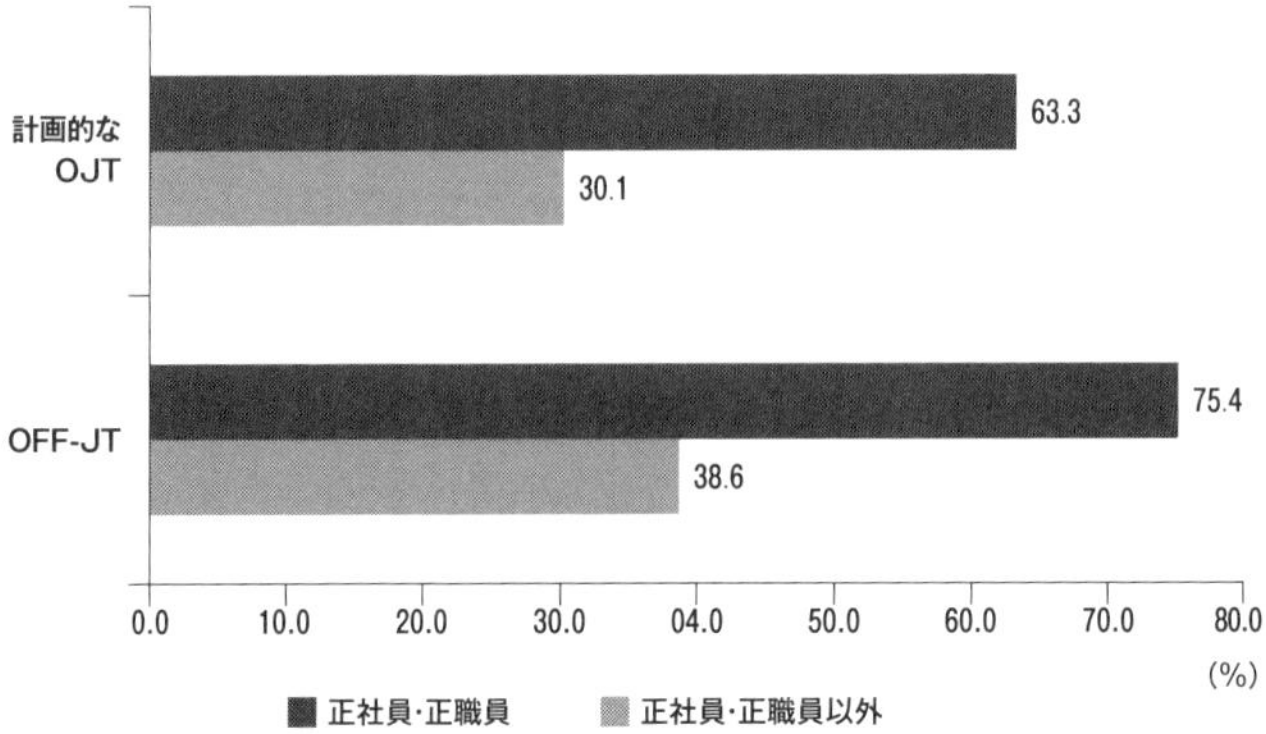

（注）OJTとは仕事に従事しながらの訓練、OFE-JTとは仕事とは別で外部で受ける教育訓練である。
出所：厚生労働省『平成29年度能力開発基本調査』（調査対象年度は平成28年度）事業所調査

しまい、自らが進んで努力し自分の立場を改善、あるいは逆転しようとする意欲に欠けてしまうのである。年齢が若ければまだ希望を持てるし、心身ともに元気に満ちているので、あらゆる可能性を追求する意欲を持つ人が多いが、中年になるとあきらめてしまう人が少なからず存在するのは不幸と言わざるをえない。

以上中年期にいる人で経済的に恵まれていない立場にいる人が、このままの状況が続けば恵まれた状況に変えられる可能性は低い、と否定的な見解を述べたが、もしそうならこういう人の将来は暗く、一生浮かばれない可能性は高い。これは当然ながら好ましいことではない。まわり（すなわち政府と企業）がなんらかの政策を講じる必要がある。それについては後の章で提案する。

三五歳までに転職を

働き手としてのキャリアを考えると、既に述べた「転職は三五歳まで」という格言の意味を、「人生をやり直せるか」とどう関係するかを考える必要がある。この格言の意味は、企業を移るという行動は三五歳までに実行しないと、実のある転職の成果が得られないということを意味している。すなわち、三五歳頃を過ぎた転職は労働条件を改善できたり、将来のキャリアを輝かしいものにできる可能性が低い、という意味を含んでいる。従って、「人生をやり直す」のが目的であれば、三五歳までに転職の可能性を探求するのが望ましいのである。

なぜ三五歳までの転職が望ましく、それを超えると望ましくないのかを考えてみよう。高卒だとおよそ一七年、大卒だとおよそ一三年間の労働経験を経ており、その間の技能蓄積は他の企業でも役立つ可能性はある。しかも転職してからも定年、例えば六〇歳までその企業にいると前提すれば、三五歳という年齢はこれから二五年間のキャリアをその企業で送ることができることを意味する。新しい企業に適応できる技能をそこで蓄積できるし、企業側も長くいてくれそうな人に訓練を施すとか、企業に慣れてくれて大いに働いてもらえる可能性を期待できると予測できるのである。

一方で三五歳を過ぎてからの転職だと、新しい企業で働ける年数が短くなるので、企業は訓練をそう施さないだろうし、その後のキャリアにも大きな期待ができないとみなすであろう。そうであれば、折角の転職も有益とならない可能性が高い。

とはいえ、企業の浮き沈みが激しくなっている今日では、四〇歳を過ぎての転職に踏み切らざるを得ない時代になっているのも事実である。現に統計によると、四〇歳以上の転職は企業が早期退職制度を用いるようになったこともあってここ六年間に三倍も増加している。意図的に転職するなら三五歳までが望ましいが、四〇歳を過ぎての転職も増加すると予想できる。

転職をかなり強めたものとして、退職、そして労働市場からの引退を考えてみよう。先程まで書いたことは、男性そして一部の女性キャリア志向の人を念頭においたが、ここでは女性、特に既婚女性についての話題である。女性の労働市場への参加は、よく知られているように「M字型カーヴ」と呼ばれる。結婚・出産によって一時期労働市場から退出し、子育ての期間を経てから再び働き始めるのが「M字型カーヴ」の意味するところである。この転機は三五歳ではなく、子育ての終了する四〇〜四五歳あたりの女性に起こることであるが、三五歳の転職と同じように理解できるので、ここで議論してみたい。

一度労働市場から退出すると、これまで蓄積してきた技能が陳腐化してしまう。すなわち働かないので技能が低下するのである。さらに、働かなくて何年か後に別の企業で働き始めると、キャリアをイチから始めなければならず、未熟練労働者として再スタートということになる。これは本人にとって不利なこととなるので、キャリアを重視する人にとってはできれば退職ないし労働市場から退出することは避けたいと考えるようになる。

この既婚女性に関することは、「人生やり直し」というよりは「人生を再び始める」というニュアンスが強いと評価してよい。なぜなら結婚・出産前の仕事とその後の仕事では、かなり性格の異なる場合が少なくないからである。しかも繰り返すが、長い間労働していなかったし新しい仕事であれば不利な再スタートとなる。労働条件が相当悪くなる仕事を覚悟せねばならない。これを避けるには、結婚・出産を機に仕事をやめるのではなく、働き続けた方がよいという提言となる。あるいは出産であれば、法的に容認された育児休暇を取ってしばらく企業から離れるだけにとどめ、育児休暇明けに元の企業に復職する案が好ましい。これらは「人生やり直し」というよりは、「人生やり続けよ」と称した方がいいだろう。

このように既婚女性に働き続けよ、ということを提言するとなると、いわゆる「ワークライフバランス」、すなわち仕事と人生（家庭生活）のバランスをうまく取る必要がある。それを達成するには社会で積極的に子どもを持つ既婚女性を様々な面でサポートし、かつ夫の強いサポートが必要となることは言うまでもない。

具体的にどのような政策が有効であろうか。ごく簡単に箇条書きだけしておこう。第一に、育児休業制度を確立する。日本はその期間は長くなりつつあるので好ましい。大切なことは休業明けで復職したときとその後に関して、仕事の場や将来のキャリアに不利にならない配慮が必要である。

第二に、休業明けは子どもを保育所に預けなければならない。ここ二〇年ばかり「待機児童ゼロ作戦」はどの歴代内閣も目標に掲げるが、どの内閣も成功していない。保育所の増設、保育士の待遇改善などの政策は政府の役割なので、政府の政策が本格的になされる必要がある。

抜本的改革案――子ども保険

第三は筆者の考える制度改革案である。抜本的なものであり、論議を呼ぶというか反論も多いと予想されるので、やや詳しく議論する。育児休業中に給付金が支払われるが、この制度は雇用保険制度の枠内で運営されており、財源も雇用保険料が主たるものとなる。これは育児休業を失業とみなしている証拠である。休業中は確かに仕事をしていないが、企業に在籍しているのであり、失業のように企業の在籍から離れた姿ではない。しかも失業は企業倒産や解雇といった非自発的な離職、あるいは自発的な離職によって発生した事象であり、育児休業は出産・子育てという動機で発生するものなので、両者はまったく異なる性質を有している。

育児休業給付制度は、雇用保険制度とは別の新しい制度の下で運営されるべきものと考える。一つには例えば「子ども保険」制度をつくって、子育てや教育費の支出に備える保険制度がありうるし、税収を主たる財源とすれば、例えば「育児給付金」制度といったものもありうる。自民党の政治家（例えば小泉進次郎議員）の中でも「子ども保険」を主張する人がおり、検討に値すると判断する。

この「子ども保険」には難題もいくつかある。例えば保険制度に加入する人をどの範囲にするかという課題である。子どもを持ちそうなあるいは既に持っている若年層の夫婦は保険料を払うことに嫌悪感はないだろうが、独身を続けようとする人や子育てと子どもの教育を終えた人は、保険料の拠出を嫌がる可能性がある。これに対処するには、保険への加入を任意にする案が考えられるが、それだと加入者の人数が多数にならず、保険制度の規模が小さくなる可能性があって、保険運営が困難になりかねない。

そもそも保険制度とは加入者が多くないとうまく機能しない性質がある。しかも、保険制度に特有な逆選択やモラルハザードを避けるためには、特定の特質を持った人だけの加入では保険制度が崩壊するので、できるだけ多数の人の加入が望ましい。なお逆選択とは、例えば医療保険制度に代表されるように、病気がちの人は制度に入ろうとするし、健康な人は入ろうとしないというように、個々の状況によって保険需要に濃淡が必ず生じるために発生する現象である。これを避けるには強制加入にするしかない。モラルハザードとは保険制度を悪用しようとして、虚偽の行為に出ることを指す。逆選択を避けるには加入者を広く求める必要があるし、モラルハザードを避けるには制度の運営を厳しく管理する必要がある。

「子ども保険」に関しては、特に逆選択の問題が浮上する可能性が高く、なるべく多くの人に加入してもらう手立てが必要である。それが困難であるなら、保険制度ではなくて、税財源を用いる策しかない。現在既に存在する児童手当を、大幅に拡充する策が好ましいと考えられる。

日本では一度失敗すると立ち上がれない

日本社会の特徴として、一度歩む道が決まると望むと望まざるとにかかわらず、その道を歩まざるをえず、進む道を変更するのは非常に困難というのがある。代表例として、一八歳のときの大学入試試験であることは既に述べた。大学に進学した人と進学しなかった人では、後に進む道がかなり異なるし、入試によってどこの大学に進学したかが、その後の人生をかなり決めてしまうという認識が日本には根強くある。

なぜ日本ではこのように一度何かの道が決まると、それを変更するのが困難な社会になったのだろうか。それを筆者は江戸時代の身分社会（すなわち士農工商）に起源があると判断している。武士の子は武士に、農民の子は農民に、というように、江戸時代は生まれたときの身分が子どもの職業をほぼ決めていた社会であった。すなわち、農民や商人の子は決して武士にはなれない、という運命だったのである。これは多くの人に、一つの道が決まったらその道を歩むのが人生だ、という感覚を浸み込ませるのに役立ったのではないか。

この感覚が人間の心に奥深く入り込むと、一度得た環境を大きく変更させようとか、させるべきだという感情を持たなくなる。この感情が多くの日本人の精神に根付いたことにより、自ら進んで歩む道を変えようとしないし、まわりの人も変えることのできる社会にするべきだ、という意見を持たなくなる。

これに関連しているが、日本社会は家制度あるいは家父長制度を社会の基本としてきたことも重要である。戦前であれば家制度は民法で規定されていたのである。家制度の下で家族の結束を重視する伝統があれば、同じ資質、環境を有する者の結束をも重宝する文化を生むことになる。同じ学校の卒業生、同じ企業や組織で働く人、同じ地域の出身者、といったように共通の縁で結ばれた人を親しいと感じ、あるいは仲良くしたいとか、助け合いたいと思う。哲学・倫理学の世界ではこういう特色を「共同体主義」と称している。これらをまとめれば、グループ内の人を引き立てようとする風潮が日本にはあった。逆に解釈すれば、これらの外にいる人はこれらのグループになかなか入れず、たとえ入ったとしても不遇をかこつ可能性が高い。あるいは別のグループにいる人を無視するとか、冷遇する方針を取る。日本人は同じグループに属する人を大切にする国民なのである。これは人生で立ち直る機会を阻害する要因となりうる。

先で述べたことは日本人のメンタリティーに立脚した解釈であったが、実の社会でもこれを後押しする制度なり風習がいくつか日本に存在した。

第一に、日本は学歴社会であること。明治時代以降、社会において学歴を重視する風潮を育ててきた。その起源は帝国大学(後の東京帝大、今の東大)出身の官僚を重宝し、かつ優遇した点にある。それが民間会社をはじめ種々の社会で踏襲されるようになり、高学歴取得者(それは大学卒業者と、大学の中でも名門大学卒業者という二つの特色)が採用、仕事の質、組織での昇進、給料などあらゆる面で有利となったのである。一方で大学に進学しなかった人や、大学に進んでも非名門大学の卒業生は、不利な人生を送らざるをえなかったのである。

確かに学力という資質だけでその人の価値を評価するのは一面的すぎるし、学力の高い人であっても質の高い仕事、あるいは組織で指導力を発揮できない人もいるし、その逆の人もいる。日本でなぜ学力、あるいは学歴を重視してきたのか。それは人を評価するのに少なくとも公平な基準の一つとみなせるからであった。出身階層や情実などのはびこる人事よりも、客観的に評価できる学歴の方がまだ好ましいとの判断があったのである。

このように学歴が人を評価するときの基準となれば、一八歳のときに入学試験を突破したときの結果が一生ついて回ることになる。学歴が有利に働く人と有利に働かない人の差は、学校卒業後も常に出現することになる。

企業や役所を筆頭にして種々の職場（教育、司法、医療などあらゆる職場）における賃金や昇進の決定に際して、年功序列が一つの大きな基準であったことは既に述べた。この制度は企業なりその組織に長い間在籍するのが有利となるので、人は組織を移ろうとしない。さらに、企業などの組織側も中途採用をそれほど行わないのであった。これらの特色があるのなら、人は企業なり組織を変えようとしないのは当然のこととなり、一度決めた人生をそのまま続けるということになる。一方、そういう世界に当初入れなかった人は、その後も入るのは困難ということになる。こうした理由から人生のやり直しを制度が阻害するという結果になるのである。

正規労働者も苦しんでいる

バブル崩壊後の長期不況、あるいは低成長時代に入ってから、不幸にして学校卒業後に非正規労働者にしかなれなかった人々の苦悩を様々な視点から論じてみたが、ここでは幸いにして正規労働者になれた人にも苦しみのあることを、いくつか述べてみたい。

まずバブル崩壊後の企業の大不況によって、労働者の賃金は上昇せず、むしろ下降気味の中にあり、いくら働けど所得の伸びがなく、生活水準を落とさねばならない局面に、正規労働者も直面しているという事態がある。このことを統計で確認しておこう。

図2―12は一九九六（平成八）年から最近の二〇一五（平成二七）年の二〇年間に、実質と名目の経済成長率と現金給与総額がどの程度の成果であったかを示している。この期間は初期の数年がバブル期であり、その後二一世紀に入ってからは金融機関の倒産などを発端にして全産業が大不況に陥った時期である。バブル期は株価や土地価格は異常に上昇しただけで、実体経済はそれほど成長していない時期であり、その後の二一世紀は失われた二〇年、あるいは三〇年と言われたように、成長率がさらに降下した時代であった。

まず実質成長率が〇・八%、名目成長率が〇・二%という近い成長率だったのである。高度成長期の頃は一〇%弱、オイルショック後の一九八〇年代も三〜四%の安定成長率の日本経済だったので、〇・〇〜一・〇%という成長率は日本経済が大不況、あるいは低迷していた時期というのは明らかである。なぜバブル崩壊後にこれほどの大不況、低成長経済になったかについてはここで

図2－12　過去20年間の経済成長率、現金給与総額の平均伸び率（1996～2015）

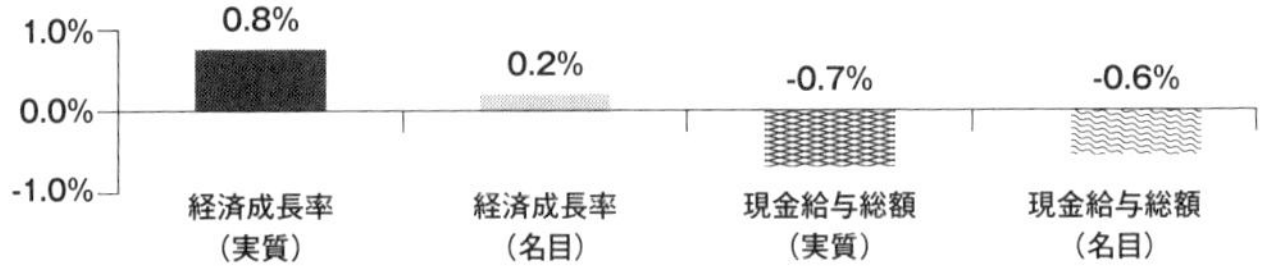

経済成長率はGDP デフレーター、現金給与総額はCPIにより実質化しているため、
実質化したときの影響が異なる。

【資料】1：経済成長率（名目、実質）は、『2015（平成27）年度国民経済計算（2011年基準・2008SNA）』（内閣府）

2：現金給与総額（名目、実質）は、『毎月勤労統計調査』（厚生労働省）の5人以上事務所の調査産業計の年平均

出所：社会保障審議会年金部会資料、2017年10月6日

図2－13　過去20年間の労働時間の平均伸び率（1996～2015）

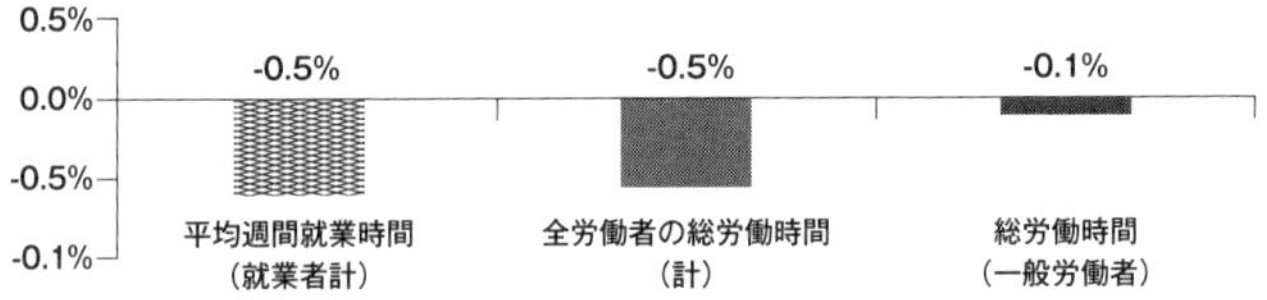

【資料】『労働力調査』（総務省）及び『毎月勤労統計調査』（厚生労働省）における事業所規模5人以上、調査産業計の結果を基に算出

注：平均週間就業時間の2011年の数値は、岩手県、宮城県及び福島県を除く全国結果を用いている。

出所：社会保障審議会年金部会資料、2017年10月6日

図2－14　過去20年間の一人当たり賃金の平均伸び率（1996～2015）

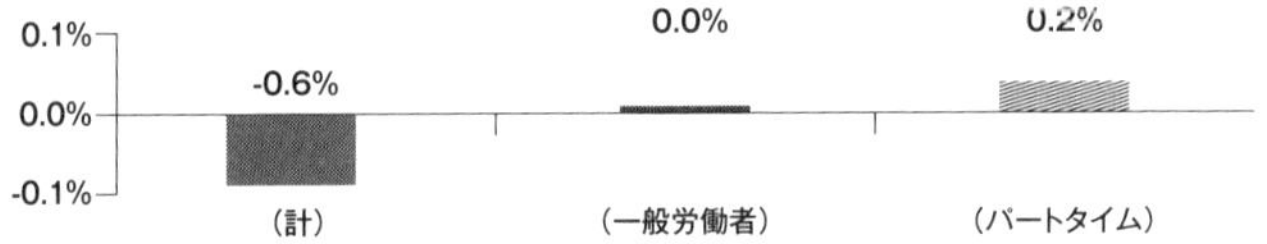

【資料】『毎月勤労統計調査』（厚生労働省）における事業所規模5人以上、調査産業計の結果を基に算出。

出所：社会保障審議会年金部会資料、2017年10月6日

は深入りしない。

経済が低迷期に入れば、賃金支払い額の低下が発生するのはほぼ自明なことである。実質の給与総額でマイナス〇・七％、名目で〇・六％の下落であった。これは毎年の労働者の賃金収入の下落を意味するので、労働者の生活水準はここ最近の二〇年間は低下を強いられたのである。なぜ賃金収入の下落が起きたのか、いくつかの理由を指摘できる。

第一に、経済成長率が低いということは、企業の物品やサービスの生産量、あるいは売上額が低下したことを意味し、企業の支払い能力の低下なので賃金支払い額は低下せざるをえない。

第二に、経済不況は企業での生産量の低下をもたらすので、必然的に労働者の労働時間の減少を促す。このことは図２－13による全労働者の平均週間労働時間、総労働時間（一般労働者とパート労働者の合計）、一般労働者（ここは正規労働者とみなしてよい）の総労働時間を示したものである。これによると三つの労働時間に関する指標のすべてがマイナスなので、労働時間はここ二〇年間にわたって平均すると減少したのである。特に注意してほしいのは、正規労働者の労働時間も減少しているのである。不況の時には企業は新規労働者の採用数を削除し、パート労働者の採用を増やすという政策をとるが、ここではフルタイム労働者の労働時間も減少しているのである。もっとも労働時間の減少は働き過ぎの日本人を是正するには好ましい兆候であったことを付記しておきたい。

第三に、たとえ労働時間の低下があっても、一人当たりの賃金の支払い額に注目すると、図２

－14で示されるように、一般労働者（正規労働者とみなしてよい）とパート労働者の間であれば、パートの方が上昇率（〇・二％）が一般労働者（〇・〇％）よりも少し高い。これは何を意味しているかといえば、賃金抑制策は非正規労働者よりも正規労働者にほんの少しであるがより強く働いたと理解してよい。

なぜ正規労働者が非正規労働者よりも犠牲をより強いられたのか、簡単にその原因を書いておこう。第一に、大不況のときはパートなどの非正規労働者を企業は多く採用したいと希望するので、少しでもその人々に魅力になる政策を考えた点。第二に、この時代は日本が格差社会に入ったとの認識が高まり、非正規労働者の処遇の悪さが批判の対象となり、政界・財界ともにそれに対して少しでも対応策をしている意図を示す必要があった点。第三に、正規労働者に対しては企業からすると忠誠心を持っているだろうから、企業経営の苦しいときは多少の賃金低下を受け入れるだろうと期待したところがある点。

ここまでの統計は大不況全般に関する記述であったが、現代の中年世代の賃金がいかに低下したかを、本書の関心に即して知っておこう。図2－15は、現在の中年世代（特に四〇～四四歳代）が蒙った賃金下落の実態を示したものである。ここは大学卒に注目してみた。中年世代は二〇〇七（平成一九）年に月額五二・九万円というもっとも高い賃金を受け取っていた。この人々は当時二二～二三歳頃に求職活動をした人々であり、一九八九（昭和六四）年というバブル期における最終の時期だったので、求職活動が非常に恵まれていて、それこそ我が世の春に就職した

図２－15　実質賃金の推移（40～44歳　大学・大学院卒）

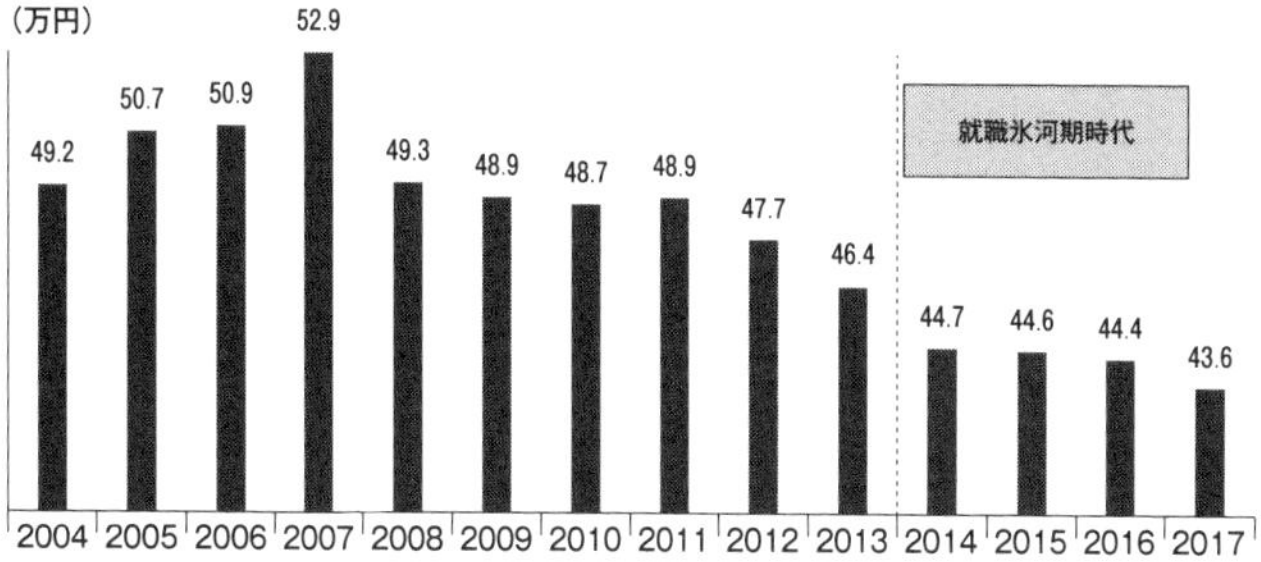

出所：厚生労働省「賃金構造基本統計調査」
（注）実質賃金は、きまって支給する給与（月給）について、消費者物価指数（総合・2015年基準）を用いて実質化した。
出所：玄田（2018）

のである。

ところが二〇〇八（平成二〇）年に入ると、四〇～四四歳代の人の賃金は四九・三万円と突如として下降し、その後は現代まで下降の一途をたどった。二〇一七（平成二九）年では四三・六万円にまで低下し、これはピーク時の賃金の八二・四％にまで低下したのであり、非常に大きな賃金下落である。二〇一四（平成二六）年から四〇～四四歳代になった人の大学卒業者は、一九九二（平成一四）年頃に大学卒業を間近に控えて求職活動を始めた世代である。この時代はまさに大不況期で、求職氷河期の真っ只中にいた世代であることに留意してほしい。就職氷河期に学生生活を送った若者は、求職活動において大変な苦労をしたのに加えて、たとえ就職先を見つけた人であっても、図２－15で見たように中年になってからも大幅な賃金低下という仕打ちを受けて、生活水準の下落を強いられたのである。

以上をまとめると、幸運にも正規労働者として働き始めた人も、大不況の煽りを受けて、賃金収入は伸びない環境におかれ、むしろそれの低下という悲哀を蒙る身となったのである。将来の賃金・所得が伸びないだろうという予想のできる時期に中年を迎えてしまったのである。

正規労働者が苦しむことになった第二の特色として、次のようなものがある。

年功序列制を前提とすれば、正規労働者は年功に応じて、係長、課長、部長というように役職の昇格が期待できた。しかし企業が大不況期に入ると、人事政策の見直し策が採用されるようになった。特に正社員の場合には、何年か企業に在籍するとほぼ自動的に昇進する制度が適用されていた。これは少なくとも係長級まで、かなりの程度課長級までは保障されていた。

大不況期に入ってから企業の経営政策において、アメリカ流の能力・実績主義が好ましいと思う企業が出始めるようになり、終身雇用や年功序列の見直し策を取り始める企業が出てきたのである。これに関しては企業に余裕資金のなくなったことも響いて、労働費用の節約策を採用せねばならない事情が後押ししたことも忘れてはならない。

企業が人事政策、特に従業員の役職への昇進策において、どういう政策を採用し始めたかを見ておこう。図2－16は、全国の上場企業を中心にして、大学の新卒生に対する昇進策の変更が二〇〇四（平成一六）年から二〇〇九（平成二一）年の五年間の間にどう実施されたかを示したものである。この時期は企業倒産が相次いで大不況期が深刻だった時期なので、企業経営の苦しさが際立っており、人事政策の変更が余儀なくされた時期と理解してほしい。さらに大学卒に限定

図2－16　5年前（2004年）と比較した、役職への昇進スピードの変化

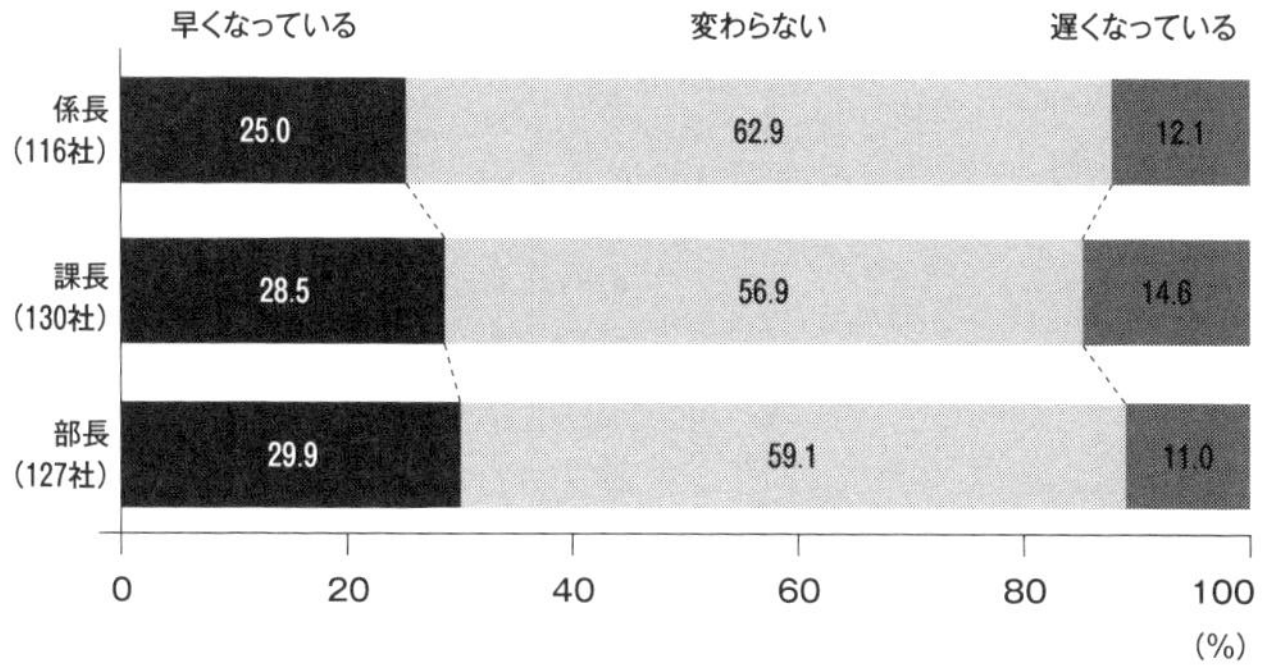

出所：労務行政研究所『役職別昇進年齢の実態と昇進スピード変化の動向』2010年

したのは、上場大企業での昇進は大学卒が中心であるし、高校卒のホワイトカラーはこれらの企業では多く採用されていないためである。

この図によると、役職への昇進スピードに変化があったかの問いに対して、変わらないというのが六〇％前後を占めていて多数派である。しかし昇進のスピードが早くなっているというのが、二五％から二九％でありかなり多いとわかる。一方で遅くなっているとするのは、一〇％前半なので少数にすぎないのである。変化したと回答している企業が約四〇％というのは無視できない比率の多さであり、大不況期の中で変化を迫られたと理解できる。

昇進のスピードを早くした企業の理由と、遅くした理由を表2－2によって知っておこう。スピードを早めたのは、（1）若返りを図るため、若手を積極登用した、（2）成果主義、能力主義の浸透、の二つが圧倒的に高い比率であり、これらが極めて重要な理由と考えてよい。能力・実績主義については、日本企業が年功序列に替わる人事政策として

表2－2　役職への昇進スピードに変化がある場合の理由（複数回答）

早くなっている理由	課長への昇進	部長への昇進	遅くなっている理由	課長への昇進	部長への昇進
合計	37社 100.0	38社 100.0	合計	19社 100.0	14社 100.0
成果主義、能力主義の浸透	56.8	60.5	ポスト不足	73.7	71.4
昇進・昇給の基準（滞留年数や年齢）を緩和した	16.2	18.4	昇格基準を厳格に運用している（または厳格化した）	42.1	50.0
若返りを図るため、若手を積極登用した	67.6	63.2	業務の専門化が進んでいる	5.3	
資格・等級制度を改定した	21.6	13.2	資格・等級制度を改定した	10.5	7.1
団塊世代など高年齢層の大量退職により、役職ポストに空きができた	13.5	18.4	バブル期入社の大量採用世代が昇進対象年代となった	15.8	14.3
組織改正によりポスト数が増加した	5.4	5.3	組織をフラット化した		7.1
希望退職、早期退職優遇制度を実施（導入した）	8.1	7.9	事業所・拠点を集約・削減した	15.8	28.6
その他	2.7	2.6	その他	15.8	14.3

出所：労務行政研究所『役職別昇進年齢の実態と昇進スピード変化の動向』2010年

採用し始めたと判断してよいし、これらが企業経営をより効率的に行えると予想し始めたからによる。

若手の登用というのは、早い年代から昇進する者と昇進しない者の見極めをするということなので、早く昇進する者はそれでいいけれど、昇進しないものが若年・中年に多く出てくる、ということを意味していると理解してほしい。

次に昇進が遅くなっている理由は、（1）ポスト不足が七〇％台で、それこそダントツのトップである。これは低成長時代の下、企業は規模を大きくできず、むしろ縮小の時代にいるので、管理職、あるいは役職の数が減少していることを意味しており、昇進しない人が多くなっていることを促している。次は（2）昇格基準を厳格に運用している（または厳格化した）である。これも昇進しない人、あるいはそれの遅れる人が多く出現しているのにつながる。

以上、昇進の早くなっている企業と遅くなっている企業の二つをまとめると、次のような一つの結論が導出される。前者において昇進の遅れる人がかなり出てくることを意味し、後者において昇進の遅れる人がほとんどということになるので、両者を合わせるとかなり多くの人（多分半分以上の人）が昇進の遅れを経験することになる。幸いにして正規労働者として就職できたが、企業に入社して若年後期、あるいは中年期になると自分は役職に昇進すると思っていたのに、中年期になると昇進できない人が多数出現したか、しそうである。

このことを別の統計で確認しておこう。労働者に関しては厚生労働省に『賃金構造基本調査』というのがあって、従業員一〇〇人以上の企業に関して、役職なし、係長、課長、部長といった役職に就いている人の労働者の数が報告されている。それの最新版によると三五歳〜三九歳の中年真盛りの従業員のうち、実に八二％が無役職なのである。四〇歳〜四五歳において七三％も存在している。役職への昇進が厳しい時代に入っていることの裏返しであるが、先の労務行政研究所の資料で述べたことを現実の企業における昇進実態で示しているのである。

では将来の昇進が困難になりそうと予想した結果、企業を移って新しい企業で役職への昇進を狙うという案もありうる。現にKawaguchi and Ueno（2013）では、一九四四（昭和一九）年生まれよりも一九七〇（昭和四五）年生まれの男性労働者の方が、転職率が高いことを示しているし、Hamawakiら（2012）は終身雇用にコミットする人の減少と、年齢・賃金プロファイルが平準化していることを示しており、終身雇用・年功序列は見直しの過程にある。ここで年齢・賃金プロファイルとは、年齢に応じて賃金がどう変化しているかをグラフにして見たものである。

しかし佐藤（2017）によると、転職者が転職先企業で昇進が早くなっているかを調べると、むしろ否定的としている。まだ日本企業では生え抜き重視を保持しており、転職しなかった人の方が昇進は早いという結果を得ている。転職したら不利、かといって企業に残っても昇進のスピードは遅いというのが大半なので、移っても地獄、残っても地獄というのが日本の企業の現状なのである。これが中年期の労働者に深刻な影響を与えているのである。

なお転職せずに定年まで企業にいた人はどうなのか、というのも一つの関心となる。それについては橘木（2019a）に詳しいので、興味のある方はそれを参照されたい。

第３章　未婚と既婚と離婚

結婚できる人とできない人

日本社会では生涯未婚率が二〇%台に達するとの予想がある時代となり、結婚する人がまだかなりの多数派ではあるが、未婚者も相当数増加している。そこでどういう人が結婚し、どういう人が結婚しないか、あるいはできないのかを知っておこう。本書の主要関心は中年層の結婚状況に注目すべきであるが、晩婚化が進んだとはいえ、結婚は若年期（三五歳までか四〇歳まで）に行われるので、まずは若年期の結婚について調べる。中年期であれば、むしろ離婚や再婚をする年代なので、それらについては後に議論する。当然ながら結婚していないと離婚や再婚は起こり得ないので、そういう意味でもまずは若い頃の結婚についてみておきたい。

まず人はなぜ結婚するのかを考えておこう。男女がどこかで出会い、そしてお互いが気に入って恋愛関係に陥り、そして契約という手段（婚姻届けがそれに相当する）を用いて、共同生活を始めるのが結婚である。必ずしも同じ家に住まなくとも（遠隔地結婚）よいが、一緒に住むことが多い。なぜ人は結婚に踏み込むのであろうか。国立社会保障・人口問題研究所の『現代日本の結婚と出産——第一五回出産動向基本調査』二〇一五（平成

第15回調査（2015年）
85.7
12.0
2.3
100.0
（2,705）
89.3
8.0
2.7
100.0
（2,570）

表3－1　調査年度別にみた、未婚者の生涯の結婚意思

生涯の結婚意思		第9回調査（1987年）	第10回調査（1992年）	第11回調査（1997年）	第12回調査（2002年）	第13回調査（2005年）	第14回調査（2010年）
【男性】	いずれ結婚するつもり	91.8%	90.0	85.9	87.0	87.0	86.3
	一生結婚するつもりはない	4.5	4.9	6.3	5.4	7.1	9.4
	不詳	3.7	5.1	7.8	7.7	5.9	4.3
	総数（18～34歳）	100.0	100.0	100.0	100.0	100.0	100.0
	（客体数）	(3,299)	(4,215)	(3,982)	(3,897)	(3,139)	(3,667)
【女性】	いずれ結婚するつもり	92.9%	90.2	89.1	88.3	90.0	89.4
	一生結婚するつもりはない	4.6	5.2	4.9	5.0	5.6	6.8
	不詳	2.5	4.6	6.0	6.7	4.3	3.8
	総数（18～34歳）	100.0	100.0	100.0	100.0	100.0	100.0
	（客体数）	(2,605)	(3,647)	(3,612)	(3,494)	(3,064)	(3,406)

（注）対象は18～34歳の未婚者。
設問「自分の一生を通じて考えた場合、あなたの結婚に対するお考えは、次のうちのどちらですか。（1.いずれ結婚するつもり、2.一生結婚するつもりはない）。
出所：国立社会保障人口問題研究所『現代日本の結婚と出産、第15回出生動向基本調査』2015年

二七）年が参考になるのでそれを見てみよう。

まず一八歳～三四歳の独身者の意識についてである。表3－1は一九八七（昭和六二）年から現代の二〇一五（平成二七）年までにおいて、未婚者が結婚の意思があるかどうかを示したものである。この表は意思を問うているのであり、結婚が成就したかどうかの質問ではないことに留意されたい。

この表によると、現代では男性の八五・七％、女性の八九・三％が「いずれ結婚するつもり」と宣言しており、かなり高い比率の人が結婚の意思を表明している。しかし男女の比較をすると、男性の方が意思の低下の度合が強く、女性はその低下率が低い。以上をまとめると、日本の若者、未婚者はまだ九〇％弱が「結婚するつもり」と考えているので、大半は結婚したいと願っていると結論付けてよい。ただし、繰り返すが意思を持っていても、それを実現するかどうかは別の話であり、実現しない人が多

く存在することが、何度も述べてきた生涯未婚率の高さとして現れているのである。

男女で比較すると興味のある差を図3－1で知ることができる。それは結婚意思のある人が、相手を探すときにどこまで自分の理想の人にこだわるかを示したものである。「ある程度の年齢までには結婚するつもり（すなわちここらで手を打つの意思あり：これは筆者の解釈による言葉である）」と「理想的な相手が見つかるまでは結婚しなくてもかまわない（すなわち安易な妥協はしない理想貫徹派：これも同じく筆者の言葉）」の比較である。とても興味深いのは、理想を貫く人が男性と女性とで、時代によって異なる比率にあることだ。第一に、前半（一九八七年と一九九二年）と後半（二〇一〇年と二〇一五年）では、男性も女性も「ここらで手を打つ派」が「理想貫徹派」より多いが、中期（一九九七年、二〇〇二年、二〇〇五年）では、「理想貫徹派」が「ここで手を打つ派」を上まわっているのである。

第二に、全期間を通じて男女を比較すると、後半期を除いて「ここらで手を打つ派」は男性が女性より多く、逆に言えば「理想貫徹派」に関しては、女性の方が男性を上まわっている。これを別の言葉で述べれば、男は理想の相手にこだわらずに結婚したいと願っているのに対して、女性は理想の相手にこだわる程度が強い。しかし、ごく最近の二〇一〇年代ではこのことが言えなくなり、男性の方が女性よりも理想にこだわるようになっている。現代だけに限定すれば、女性で理想は強調せずに結婚したがっている人が男性よりも多い、ということになる。

次の関心は、表3－2で示される結婚に利点はあるかどうかの判断である。第一に、まず全体

表3－2　調査年度別にみた、未婚者の結婚の利点に対する考え

結婚の利点に対する考え	【男　性】						
	第9回調査（1987年）	第10回調査（1992年）	第11回調査（1997年）	第12回調査（2002年）	第13回調査（2006年）	第14回調査（2010年）	第15回調査（2015年）
今のあなたにとって結婚することは							
利点があると思う	69.1%	66.7	64.6	62.3	65.7	62.4	64.3
利点はないと思う	25.4	29.1	30.3	33.1	28.6	34.3	33.3
不　　　詳	5.5	4.2	5.1	4.6	5.7	3.3	2.4
総　　　数	100.0	100.0	100.0	100.0	100.0	100.0	100.0
（客体数）	(3,299)	(4,215)	(3,982)	(3,897)	(3,139)	(3,667)	(2,705)

結婚の利点に対する考え	【女　性】						
	第9回調査（1987年）	第10回調査（1992年）	第11回調査（1997年）	第12回調査（2002年）	第13回調査（2006年）	第14回調査（2010年）	第15回調査（2015年）
今のあなたにとって結婚することは							
利点があると思う	70.8	71.4	69.9	69.4	74.0	75.1	77.8
利点はないと思う	24.7	25.2	25.5	26.3	21.5	22.0	20.7
不　　　詳	4.5	3.4	4.6	4.3	4.5	2.8	1.5
総　　　数	100.0	100.0	100.0	100.0	100.0	100.0	100.0
（客体数）	(2,605)	(3,647)	(3,612)	(3,494)	(3,064)	(2,406)	(2,570)

（注）対象は18～34歳の未婚者。
設問「今のあなたにとって、結婚することは何か利点があると思いますか。」（1.利点があると思う、2.利点はないと思う）。
出所：表3－1に同じ

の時期を通じて、女性の方が男性よりも利点があると判断している比率がやや高い。現時点（二〇一五（平成二七）年）において、女性が七八％であるのに対して男性は六四％にすぎず、やや違いが大きい。これは図3－1から得られる情報、すなわち現代においては女性は理想の相手にそうこだわらないというのと、どう整合させればよいのか、議論と分析を必要とする。すなわち女性はそれほど理想の相手にこだわらないが、結婚する価値はありと思っている。これを矛盾と見るか、両者は別次元の話題とみなすか、人によって判

断は異なるであろう。

第三に、とはいえ時系列に注目すると、男性は結婚を利点とする人の比率が変動はあるがやや低下傾向にあるのに対して、女性は利点とする人の比率が変動はあるが基本は上昇中であり、両者で異なっている。今にいたってその差が一三・五％ポイントにまで拡大しているのである。

以上をまとめれば、女性の方が結婚のメリットを感じる人が増加しているし、男性と比較してもその比率は高いのであるが、男性はその逆である。しかし、女性は結婚にメリットを感じているにもかかわらず、現実にはなかなか結婚していないのであり、その理由を探究するのが次の作業となる。

その作業を行う前に、独身者は何を結婚の利点と考えているのかに注目してみよう。図３－２は、男女別にその利点を示したものである。二つの項目まで回答が可能なアンケートを集計したものである。

まず男女ともに「子どもや家族をもてる」という利点がダントツのトップである。さらに女性の方が男性よりもその比率がかなり高く（二〇一五（平成二七）年で男性三五・八％に対して女性は四九・八％の高さである）、女性の比率はおよそ三〇年間に二〇％ポイント弱も急増している。

この女性の希望に関して、筆者は独自の解釈をしている。「子どもや家族」と二つのことを述べているが、筆者は「家族」よりも「子ども」により力点があると判断している。橘木（2018）は、結婚はしないけれど子どもだけはほしいと願う女性の増加を話題にした。日本はこの希望は

図３－１　調査年度別にみた、結婚意思をもつ未婚者の結婚に対する考え方

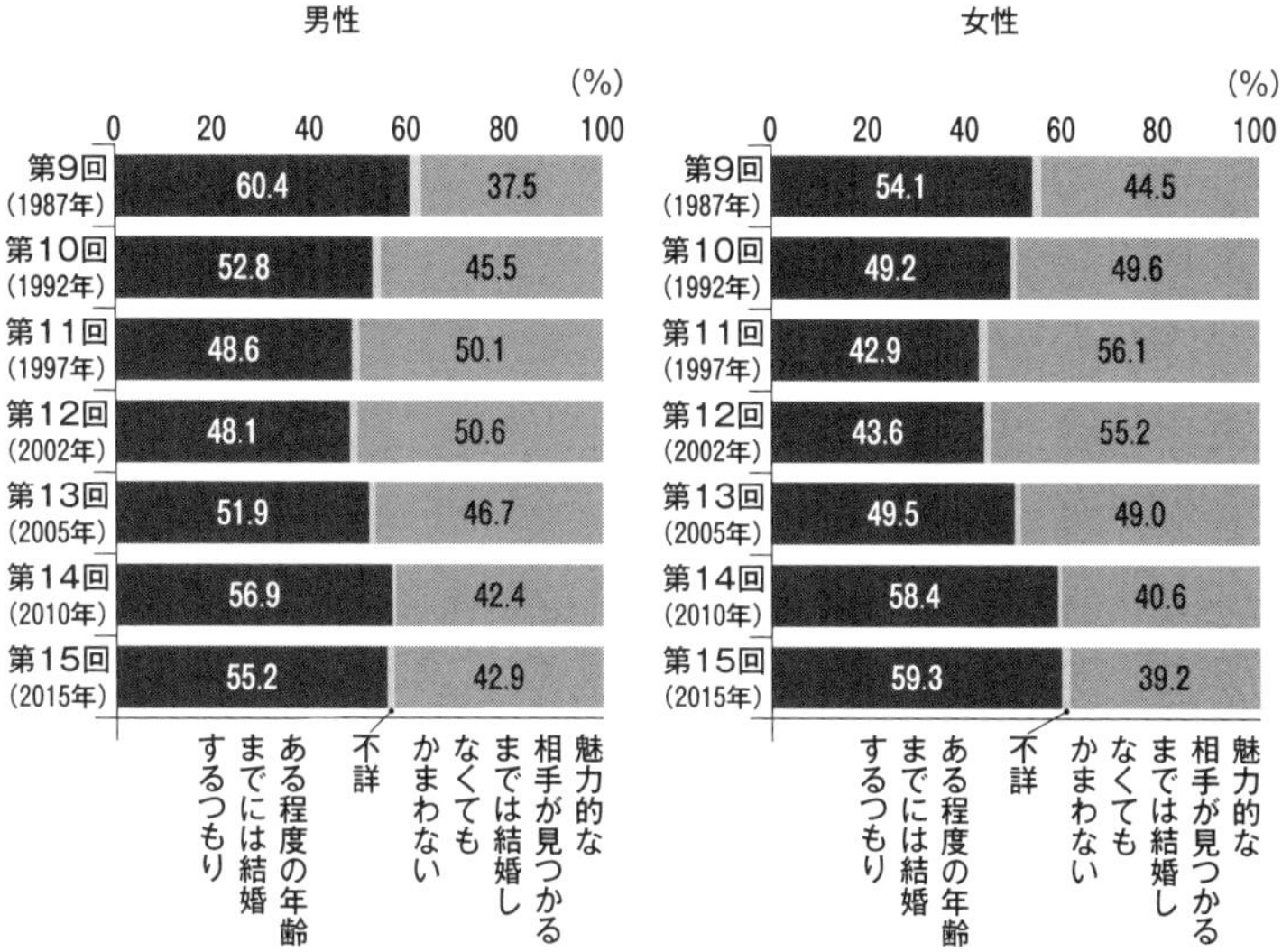

（注）対象は「いずれ結婚するつもり」と回答した18～34歳の未婚者。客体数は、第９回男性（3,027）、女性（2,420）、第10回男性（3,795）、女性（3,291）、第11回男性（3,420）、女性（3,218）、第12回男性（3,389）、女性（3,085）、第13回男性（2,732）、女性（2,759）、第14回男性（3,164）、女性（3,044）、第15回男性（2,319）、女性（2,296）。
設問「同じく自分の一生を通じて考えた場合、あなたの結婚に対するお考えは、次のうちどちらですか。」（1.ある程度の年齢までには結婚するつもり、2.理想的な相手が見つかるまでは結婚しなくてもかまわない）。
出所：表３－１に同じ

図3－2　調査年度別にみた、各「結婚の利点」を選択した未婚者の割合

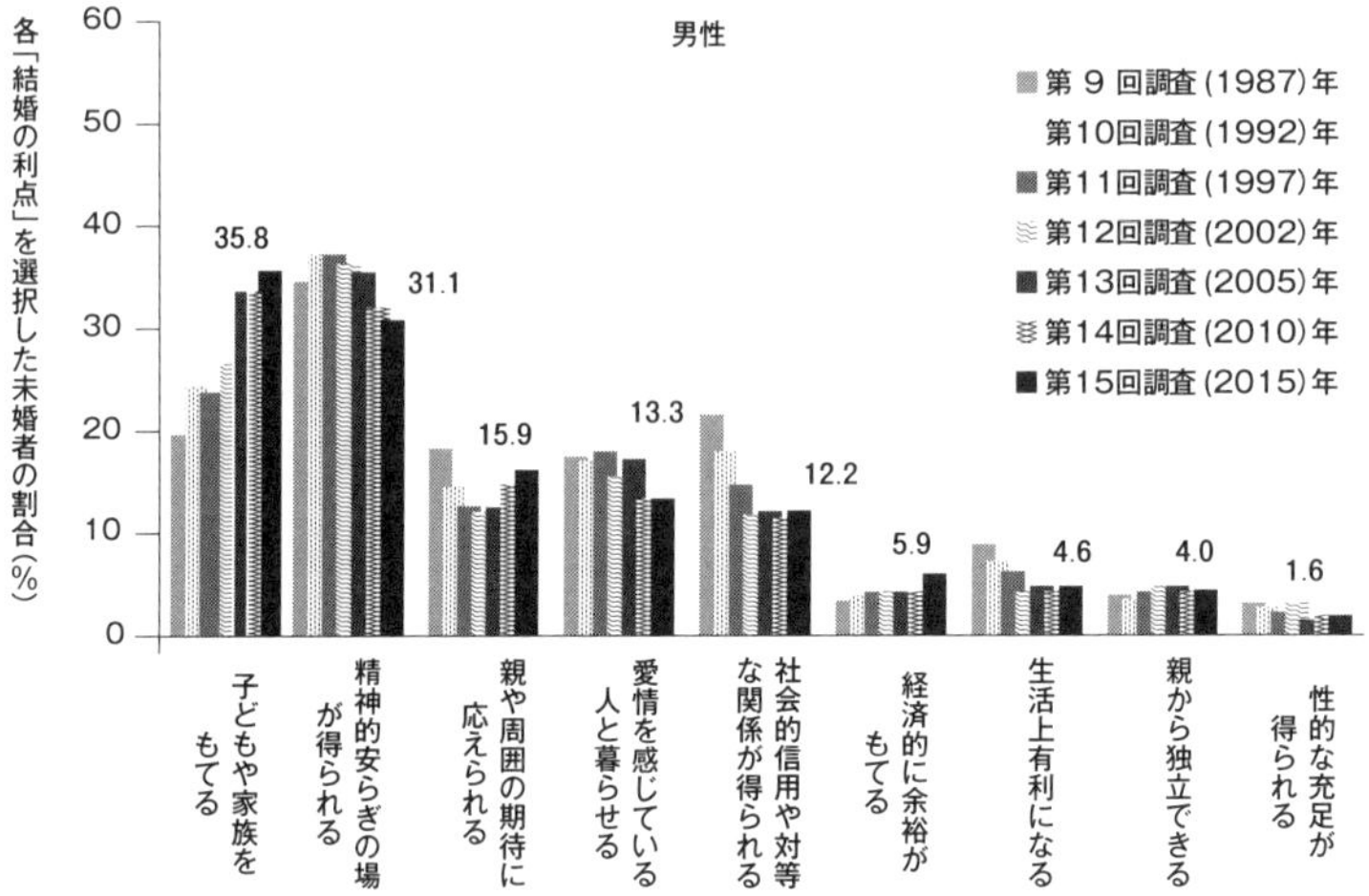

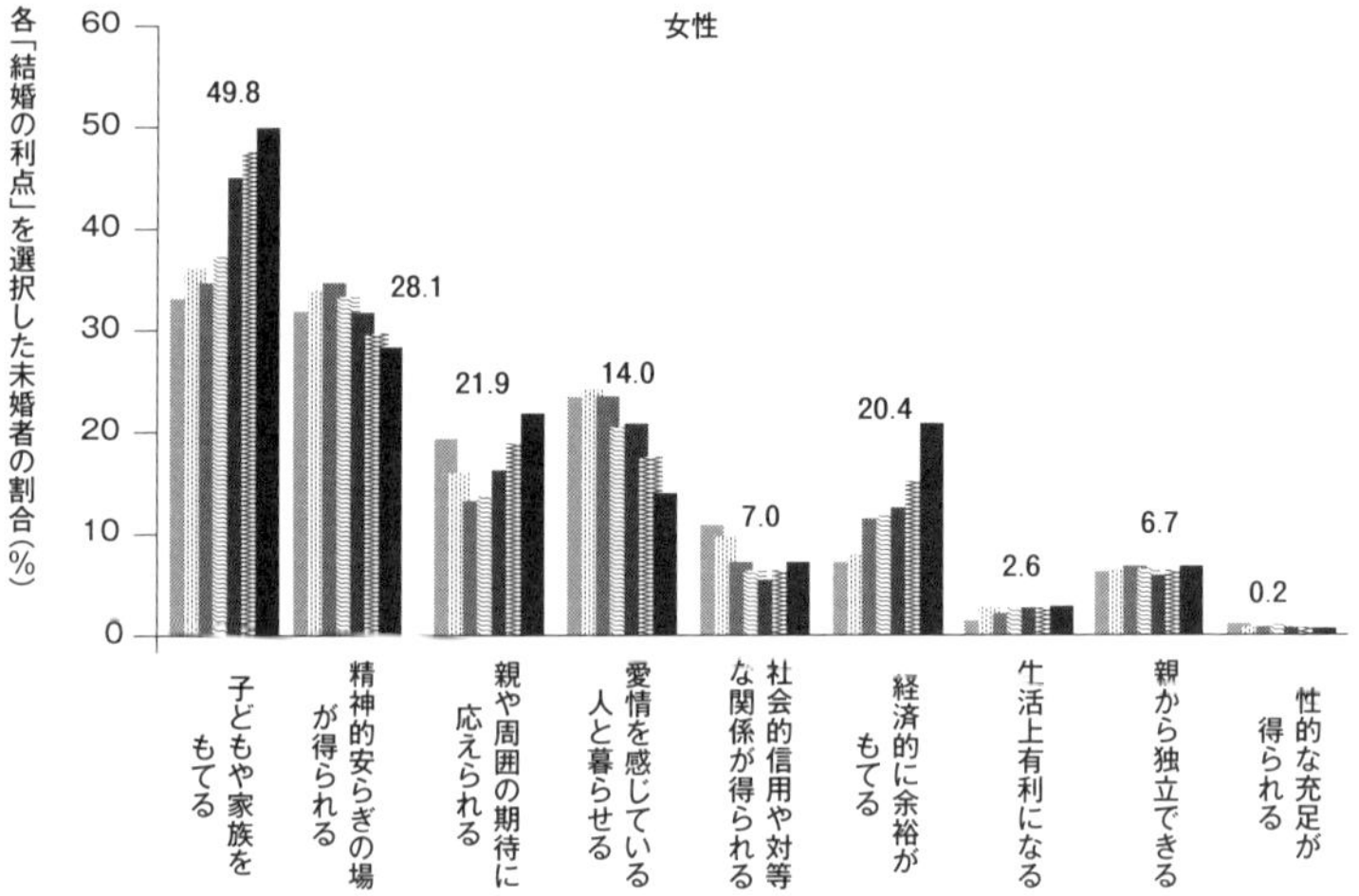

（注）対象は18～34歳の未婚者。何％の人が各項目を主要な結婚の利点（2つまで選択）として考えているかを示す。グラフ上の数値は第15回調査のもの。
出所：表3－1に同じ

まだそれほど強くはないが、欧米ではかなり増加しており、必ずしも夫を求めずに女性一人で子どもを育てる傾向が高まっているのである。経済的にも女性が働いてそれなりの所得があるなら一人身で生活ができ、子育てもできるとの判断である。日本人の女性にもこういう生き方を望む人の増加は予想されるので、将来的には欧米の女性に続こうとして、夫はいらないが子どもはほしい気になるかもしれない。実は日本は結婚、離婚、あるいは端的には男女関係、家族に関して、欧米に少し遅れて続いて起こっているのがこれまでの歴史的な事実なので、この予想は当たるのではないだろうか。

図3－2の質問表として、今後は「子どもや家族をもてる」ではなく、「子ども」と「家族」を区別して、両者を別に回答してもらう必要がある。「家族」であれば結婚の利点となりうるが、「子ども」であれば必ずしも結婚を条件にしなくてもよい。欧米諸国（特にフランスやスウェーデン）では結婚せずに同棲によるカップルを法律として認めており（フランスではPACS、スウェーデンではサムボと称される）、結婚という形態がかなりの減少傾向を示している。結婚という法律上（民法）の契約をしないカップル形式は、今後の日本でも増加するだろう、と予想できる。

話題を結婚の利点に戻そう。第二番目に重要な利点は、「精神的安らぎの場が得られる」が男女ともにほぼ同比率の高さで感じている。一人身でいるとさびしいし、誰かと一緒にいると心が安らぐとの思いであり、至極真っ当な気持ちである。しかも結婚前は恋愛関係にあったケースが多いだけに、好意を抱いた男女であれば、当然に感じる利点である。なお第四位に「愛情を感じている人と暮らせる」というのが登場しているので、これを第二位と合わせれば、第一位の「子どもや家族をもてる」と、ほぼ同等の重要性を持つ利点になるとみなしてよい。

第三位の「親や周囲の期待に応えられる」も無視できないほどの高い比率であり、日本ではまだ結婚が社会人としての義務ないし認知の対象となっていることを示唆している。これは「社会的信用や対等な関係が得られる」という利点と似ている。

意外なのは、女性にとって第四位の「経済的に余裕がもてる」が過去より急上昇中であり、女性で働く人が増加しているにもかかわらず夫の経済力に期待していると読み取れる。これは経済不況が深刻であり、しかも女性が非正規労働で働かざるをえない時代背景のなかで、一部の女性の賃金・所得が低迷しており、夫の所得に依存する必要のある現状の反映であると考えられる。

ここで述べた以外にも結婚の利点が挙げられているが、それらに対する回答比率は低いので、ここでは論じない。以上は結婚の利点を知ることによって、未婚者が抱く結婚への期待を考えた。しかし既に述べたように結婚しない人と結婚できない人が相当いる。なぜそうであるかを次にみていきたい。

まず結婚しない人に関しては、図3－3でかなりのことがわかる。二つの回答が可能なアンケートによってつくられた図であり、ダントツの一位は、「行動や生き方が自由」というのが男性で七〇％ほど、女性で七六％ほどの高さである。結婚によって、自由な生活に制約がかかる、自由な生き方ができない、好きなことができなくなる、といった点を非常に多くの人が感じてい

図3－3　調査年度別にみた、各「独身生活の利点」を選択した未婚者の割合

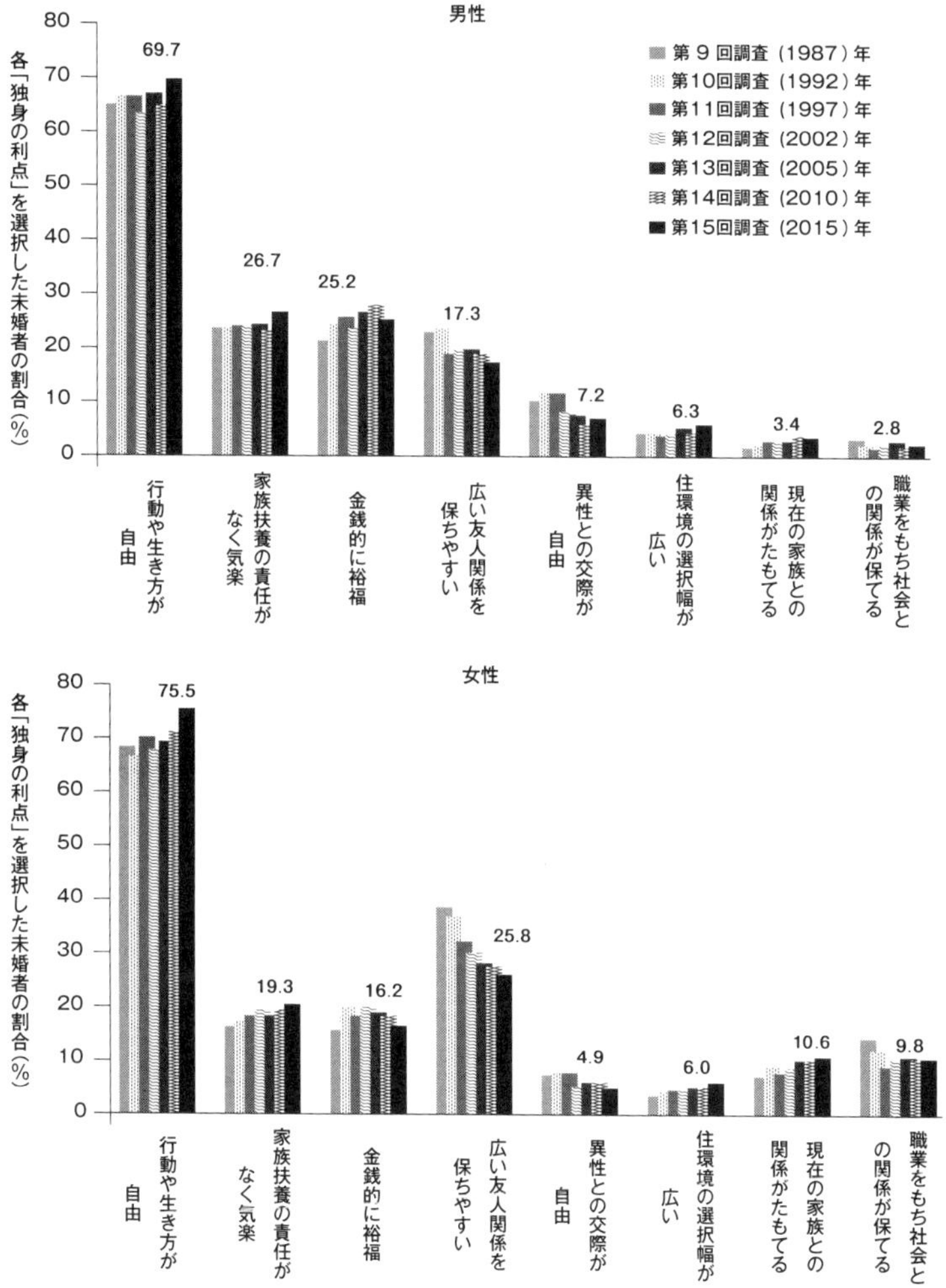

（注）対象は18～34歳の未婚者。何％の人が各項目を主要な独身生活の利点（2つまで選択）として考えているかを示す。グラフ上の数値は第15回調査のもの。
出所：表3－1に同じ

るのである。

これは第二位の「家族扶養の責任がなく気楽」と、男性第三位、女性第四位の「金銭的に裕福」とも同次元と解釈できる。すなわち、結婚すると家族の人数が増加するので、それらの人の面倒を見る時間が増加するしいろいろな苦労が伴うのに加えて、経済的な負担も多額になる。一人身の方が自由な時間があるし、生活費もそれほどいらないので、気楽な生活ができるという考え方である。

他にも「広い友人関係を保ちやすい」や「異性との交際が自由」といったメリットを挙げており、そう高い比率ではないが無視できない比率である。夫や妻に気兼ねせずに自由な友人交流なり男女の交際をしたい気持ちがあるので、結婚に魅力を感じないのである。

以上をまとめれば、結婚は自由な生活への制約になるし、経済的な負担の増加を嫌う、といったことが結婚に対して気が進まない理由になっているのである。

次に、独身にとどまっている理由をもう少し詳しく見るために、図3－4を見てみよう。これは「結婚しない理由」と「結婚できない理由」に区別されており、最大三つの回答が許されている。結婚しない理由は多少図3－2と重なる点があるので、ここでは結婚できない理由を中心に論じる。

もっとも重要な理由は、男女ともに「適当な相手にめぐり会わない」であり、他を大きく離している。これはどういう意味なのか、種々の解釈がありうる。まずは相手を探す努力はしている

図3－4　調査年度・年齢別にみた、各「独身にとどまっている理由」の選択割合

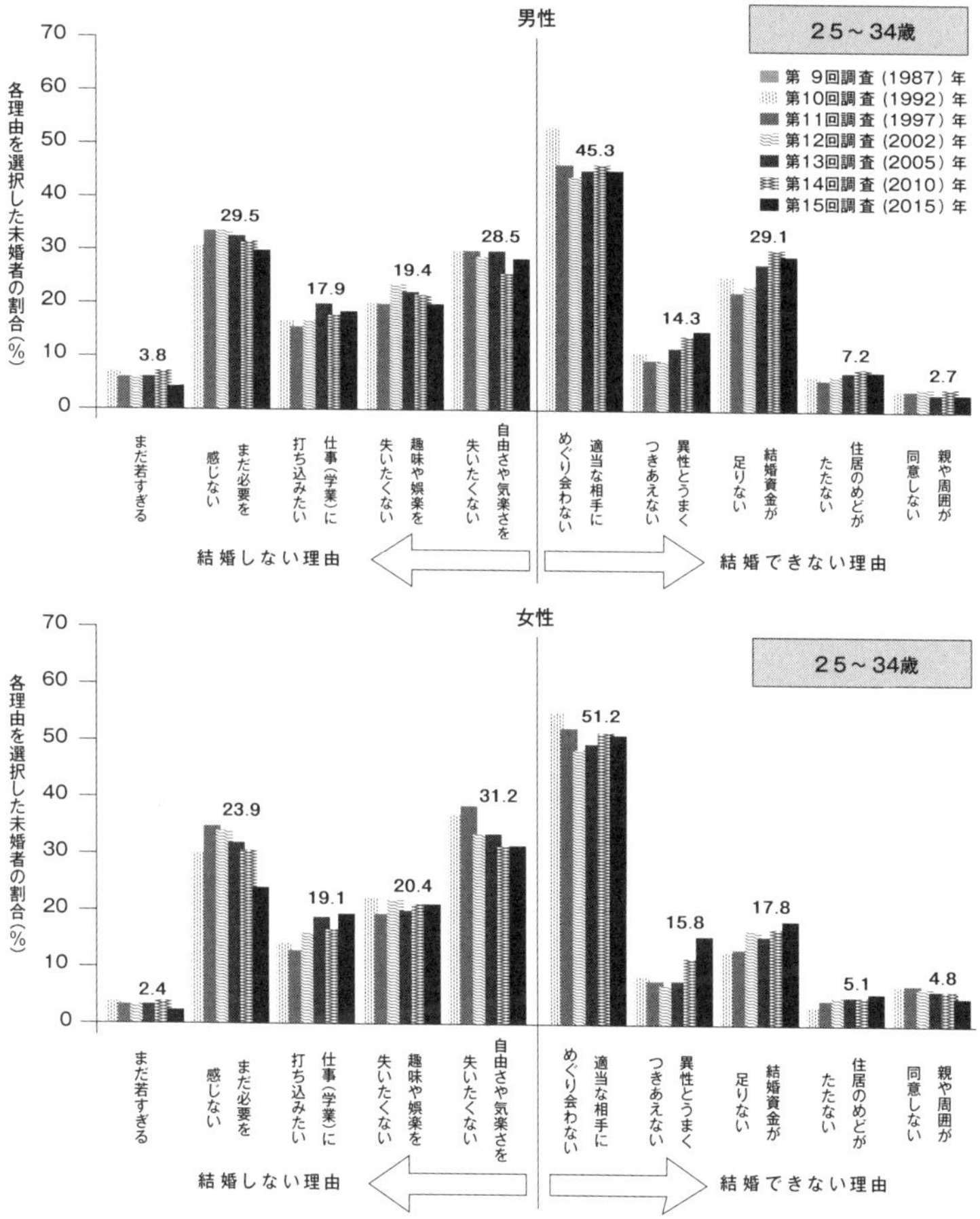

（注）対象は18～34歳の未婚者。何％の人が各項目を独身にとどまっている理由（3つまで選択）として挙げているかを示す。グラフ上の数値は第15回調査のもの。
設問「あなたが現在独身でいる理由は、次の中から選ぶとすればどれですか。ご自分に最もあてはまると思われる理由を最高3つまで選んで、右の問答欄に番号を記入してください（すでに結婚が決まっている方は、「最大の理由」の欄に12を記入してください）。」
出所：表3－1に同じ

が、自分にふさわしい人にまだ会えない、あるいは自分の理想とする人に巡り合えないと思っているということ。自分の理想は高くなく、少しでも気に入る点があったり、欠点には目をつぶるつもりもあるが、なかなかそういう人にも巡り合えないのかもしれない。

ここで筆者の解釈を述べておこう。それは「適当な相手にめぐり会わない」に関して、女性の方が男性よりも六％ポイント高い点に注目した。それを説明する要因の一つとして、女性が相手の男性に対する希望の程度、あるいは理想を求める程度が強くなったことの反映であると解釈できる。自分でも働いて稼げるようになった女性は、別に経済的に夫に頼る必要がなくなり、経済的な要求以外の男性への要求度が高くなったので、安易な妥協をする必要がなくなったのである。

もう一つの有力な解釈は、そもそも異性に出会う機会が少ない、というものである。昔はおせっかいな中年女性（おばさん）がいて、「見合い」の場をつくって男女を意図的に会う機会を設けていたが、今やその風習は衰退してしまった。結婚紹介ビジネス業が存在してはいるが、それには関心ない人もいるかもしれない。

第三番目の理由として、「異性とうまくつきあえない」というのがあるが、これはダントツの第一位である「適当な相手にめぐり会わない」を背後から支持するものである。恥じらい気味の人とか、積極的に行動のできない人、自分の資質に多少の劣等感を持っている人、などが結局は異性とのつき合いをうまくできない人となるのである。

第二位の理由は、第一位よりかなり低くなるが、「結婚資金が足りない」である。これは何も結婚式の費用のことではなく、結婚後の経済生活のことを心配していると理解してよい。女性が一七・八％であるのに対して、男性が二九・一％なので男性が自分の経済力のなさを嘆いている程度が強い。女性も働く時代になったとはいえ、まだ結婚生活の資金は男性の役割だと考えられているのである。これは長期の大不況に入って男性に職がないとか、あったとしても低所得の職しかないといった事情の反映である。橘木・迫田（2013）では、「三〇〇万円の壁」という言葉を用いて、男性に年収が三〇〇万円以上ないと、なかなか結婚できないとか、男女交際もできない現状を明らかにした。

結婚しない人、結婚できない人の双方が存在することが分かった上で、これらの人がどういう人生を送るのが理想なのか、さらに、現実にはどうなりそうか、あるいはもし結婚するなら相手にどういう生活をしてほしいか、などを知っておこう。これに関しては図3－5、図3－6、図3－7が有用である。

図3－5は、女性が自分の理想の生活のやり方を望むか、を示したものである。ここでは次の五つのコースがある。その前に女性が自分の人生の将来（ライフコース）の選択肢がどれだけあるのか、五つの具体的なコースをここで書いておこう。

女性にとっての五つのライフコース説明

①専業主婦コース＝結婚し子どもを持ち、結婚あるいは出産の機会に退職し、その後は仕事を

図3－5　調査年度別にみた、女性の理想・予定のライフコース

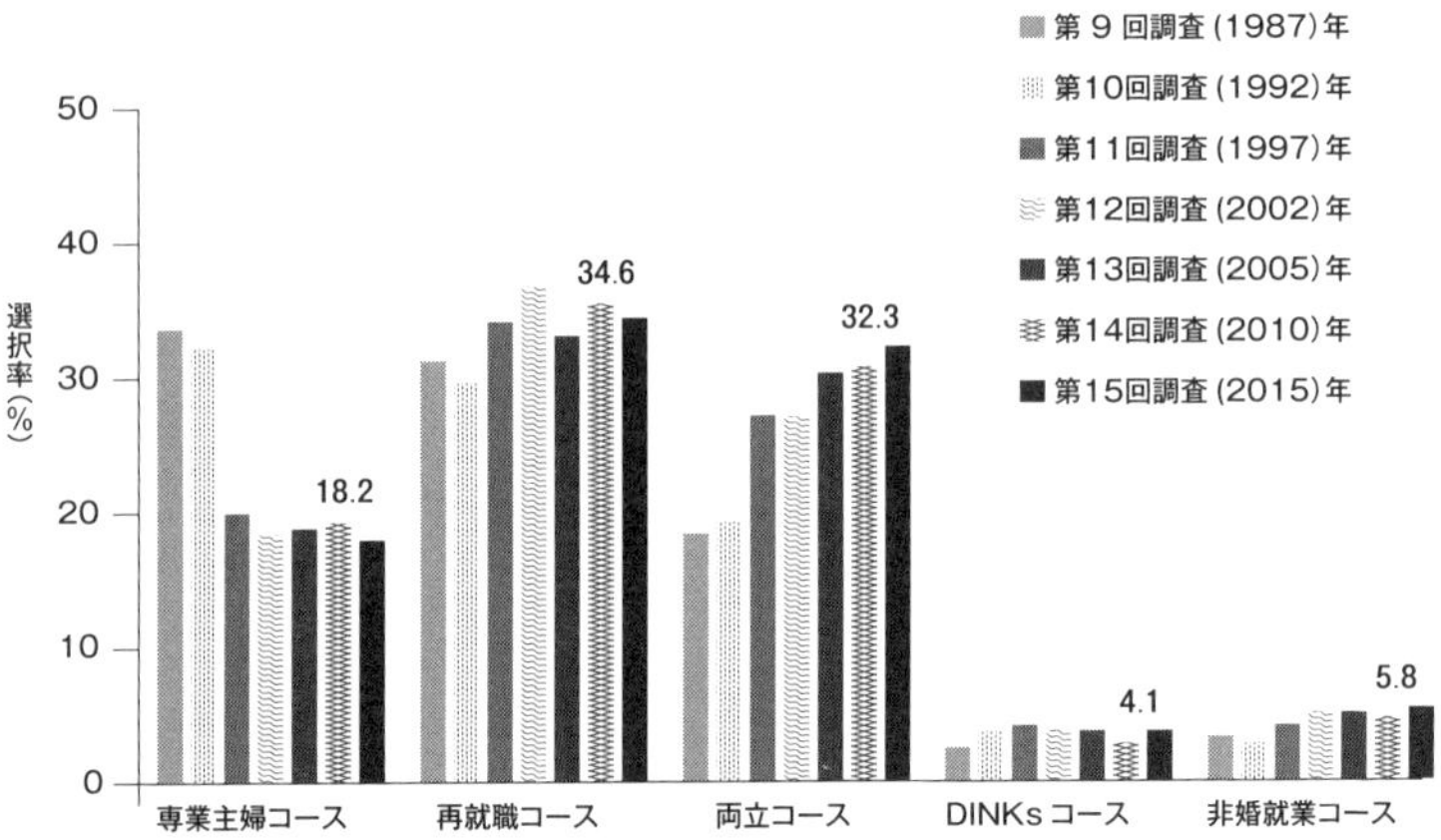

(注) 対象は18～34歳の未婚者。その他および不詳の割合は省略。調査別の客体数（男性、女性)：第9回（2,605、3,299)、第10回（3,647、4,215)、第11回（3,612、3,982)、第12回(3,494、3,897)、第13回（3,064、3,139)、第14回（3,406、3,667)、第15回（2,705、2,570)。

設問　女性の理想ライフコース：(第9～10回調査）「現実の人生と切りはなして、あなたの理想とする人生はどのようなタイプですか」、(第11～15回調査）「あなたの理想とする人生はどのタイプですか」。

女性の予定ライフコース：(第9～10回調査）「これまでを振り返った上で、実際になりそうなあなたの人生はどのようなタイプですか」(第11～15回調査）「理想は理想として、実際になりそうなあなたの人生はどのタイプですか」。

男性がパートナー（女性）に望むライフコース：(第9～12回調査）「女性にはどのようなタイプの人生を送ってほしいと思いますか」、(第13～15回調査）「パートナー（あるいは妻）となる女性にはどのようなタイプの人生を送ってほしいと思いますか」。

出所：表3－1に同じ

持たない

②再就職コース＝結婚し子どもを持つが、結婚あるいは出産の機会にいったん退職し、子育て後に再び仕事を持つ

③両立コース＝結婚し子どもを持つが、仕事も一生続ける

④ＤＩＮＫｓコース＝結婚するが子どもは持たず、仕事を一生続ける

⑤非婚就業コース＝結婚せず、仕事を一生続ける

特に女性に注目してみよう。一九八〇年代の後半では専業主婦志向が三十数％もいたが、その後二〇％前後にまで減少した。一九九〇年代の後半から現代まで、その水準を保っているので、直近の変化は少ない。専業主婦コースは他の二つよりかなり低い比率の少数派である。

もっと高い比率は三〇％台を保持している再就職コースである。先にも少しみたが、これは結婚・出産前は働くが、それを経験するとしばらくの間働くのをやめて家事・育児に専念し、その後再び働き始めるライフコースである。

両立コースは当初二〇％前後であったが、徐々に上昇して転じて今は三二・三％になっていて、再就職コースの三四・六％より少し低いだけである。この図を見ると、専業主婦コースの人が両立コースに直接転換したように映るが、決してそうではない。一九九〇年代は専業主婦の一部が再就職コースに転じ、一九九〇年代の後半から二〇〇〇年代に入ってから、再就職コースの一部

図3－6　女性の予定ライフコース

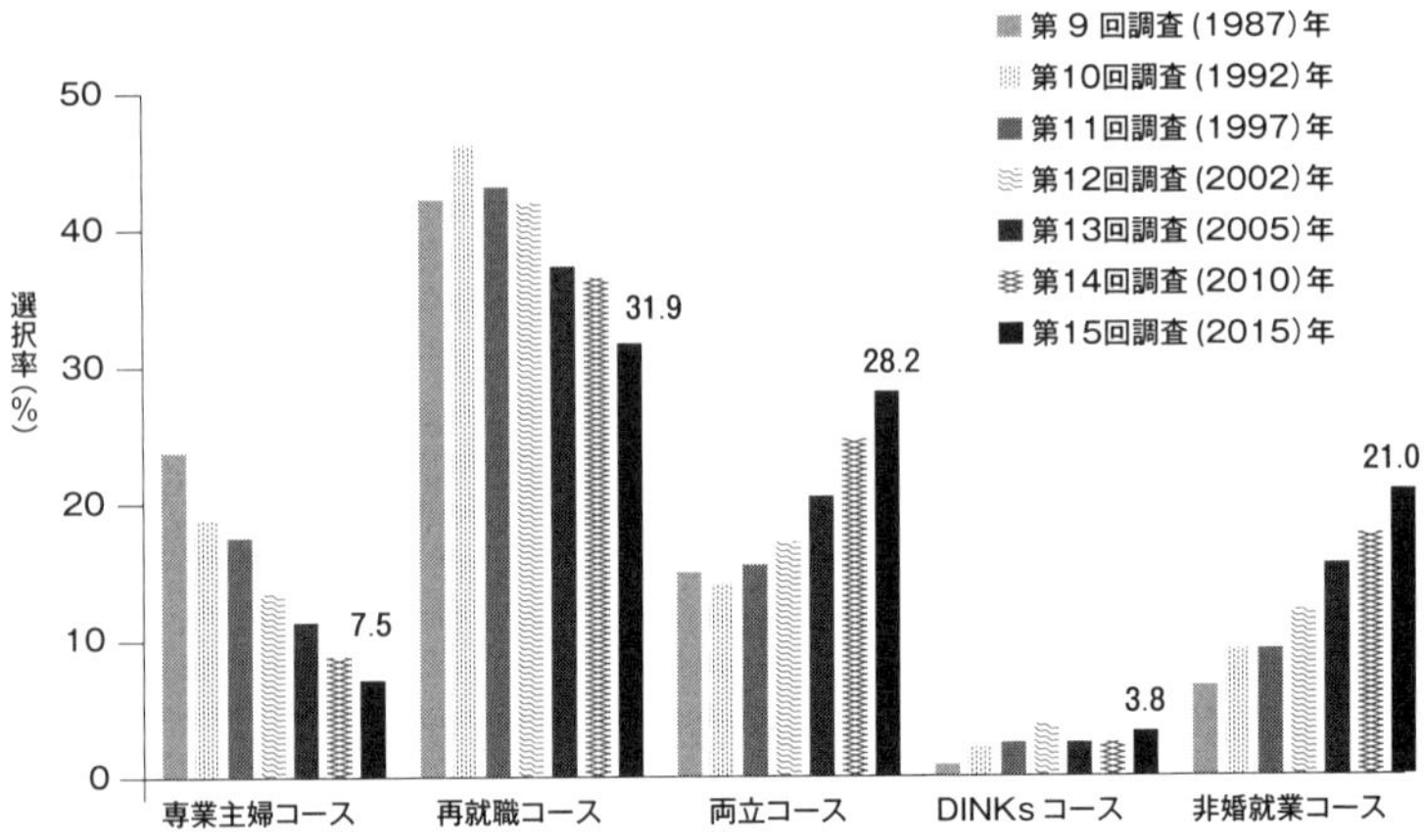

出所：表3－1に同じ

図3－7　男性がパートナーに望むライフコース

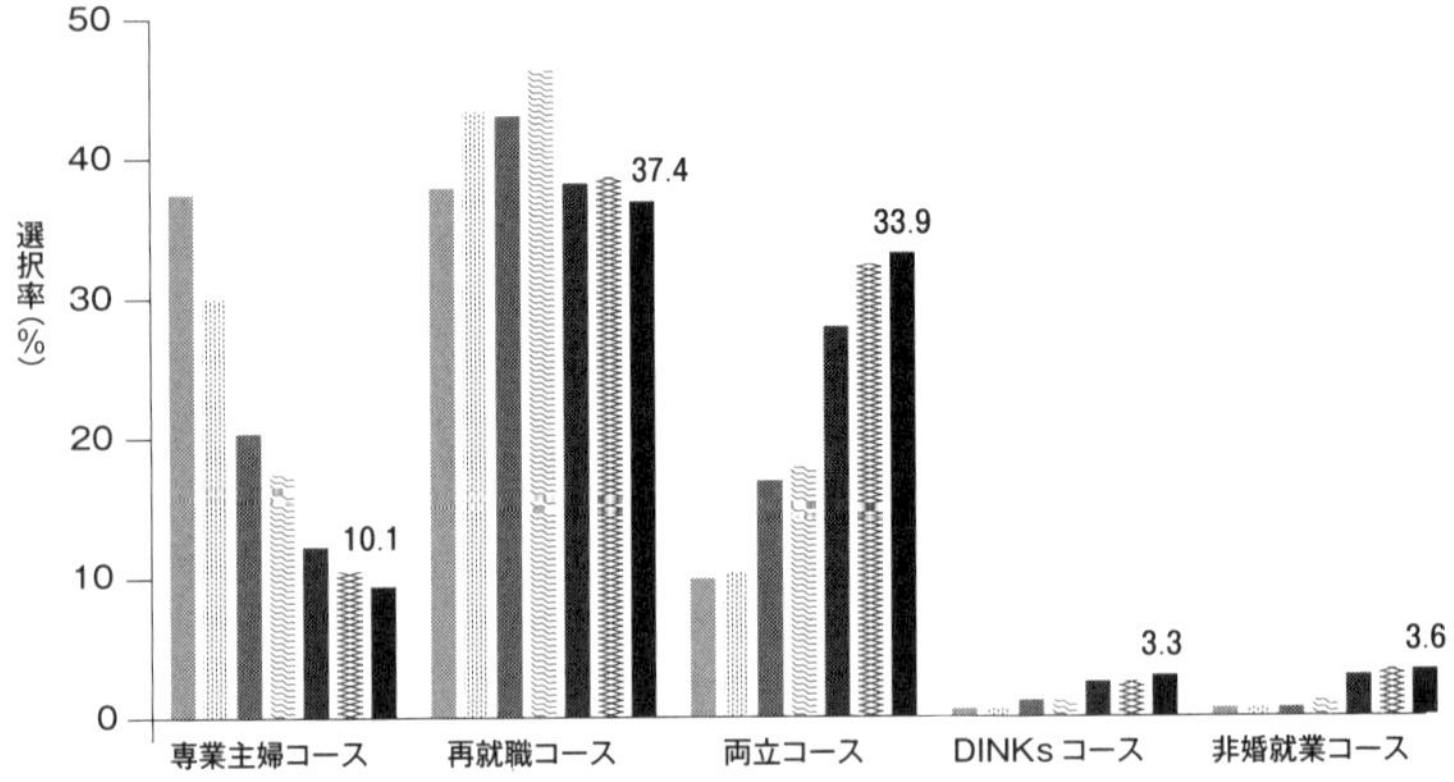

出所：表3－1に同じ

が両立コースに転換した、と理解するのが自然である。

次は女性が自分のコースはどうなりそうだと考えているのか、すなわち自身の未来の予定という点に注目して図３‐６をみよう。理想の姿と予定の姿を対比すると興味深い。まず専業主婦志向の低下傾向は理想の姿と同じであるが、予定の姿は低下が一段と進んで、七・五％にまで低下している。再就職コースに関しては、予定の方が理想よりも数％ポイント高い。一方で両立コースに関しては、予定の姿が理想の姿よりもやや低いが、双方ともに増加の傾向にある。

この図でもっとも衝撃的なのは、非婚就業コースが七％あたりから二一％というように、三〇年弱の間にほぼ三倍も増加している事実である。これはすなわち女性が結婚せずに一人で働いて行く人生を予定している人の増加である。専業主婦コース、再就職コース、両立コース、ＤＩＮＫｓコースの合計は、女性の結婚を前提にしており、八〇％前後の大多数派である。しかし、一昔前のような皆婚社会ではなく、約五分の一の女性が非婚志向の時代になっていることの意味は大きい。しかし、結婚する気がないから働くのか、働くから結婚しないのか、そのどちらであるかはこの図からはわからない。

次は、男性が女性の結婚相手に望むコースはどのようなものであるのか、図３‐７で確認しておこう。まず専業主婦を望む男性は三八％ほどから一〇・一％にまで低下している。こうしたコンスタントな低下は女性の予定する人生と同じなので、男女が一致した見方をしていると言える。もう一つ興味ある事実は、男性が女性に対して専業主婦をしてほしくないとする程度は、女性がそう予定する程度より急速な低下にある点だ。逆に言えば、男性が妻に対して働いてほしいとの気持ちをより強く高めているのである。

これは二つの要因がからんでいる。第一に、女性の働くのは時代的な流れである、と男性も容認する時代になっている点。第二に、夫である自分の収入が高くないので、妻の働きによって家計所得を高めたい、との希望がある点。どちらの要因がより強いかは決められないが、多分二つの効果が相重なっていると思われる。

それは第三の両立コースの急増によっても確認できる。一〇%あたりから三三・九%への急激な上昇は、男性が妻も働いてほしいと願うようになりつつある証拠となっている。これも既に述べたように、女性も働く時代になっているとの認識と、夫の収入だけでは足りないので家計所得を高めたいとの希望の二つの合成効果で説明できる。

とはいえ、もっとも比率の高いのは再就職コースである。この比率はやや減少の傾向にあるとはいえ、現在でも三七・四%という第一位の高さなので、結婚・出産後は妻が一時的に働くのをやめて家事・育児に専念し、子育てが終了したときに再び働いてほしいと願っているのが夫の思いである。

以上をまとめると、男性は妻のそれが再就職コースか両立コースかを問わず、自分の妻が働く姿を想定しており、そう思う男性は七〇%にまで達している。専業主婦でよいと思う男性は一〇%前後しかいない。なおDINKsコースや非婚就業コースは現代でも三%前後で非常に低い希望である。

最後に、自分がライフスタイルとして、どのような生活の仕方をするのか、男女別に結婚する意志のある人とない人の間でどのような違いがあるのかを知っておこう。これは図３－８によって示されている。なお結婚の意思のある人でも、ある程度の年齢までに（すなわち理想の相手には

図３－８　結婚の意思別にみた、未婚者のライフスタイルの実態：第15回調査（2015年）

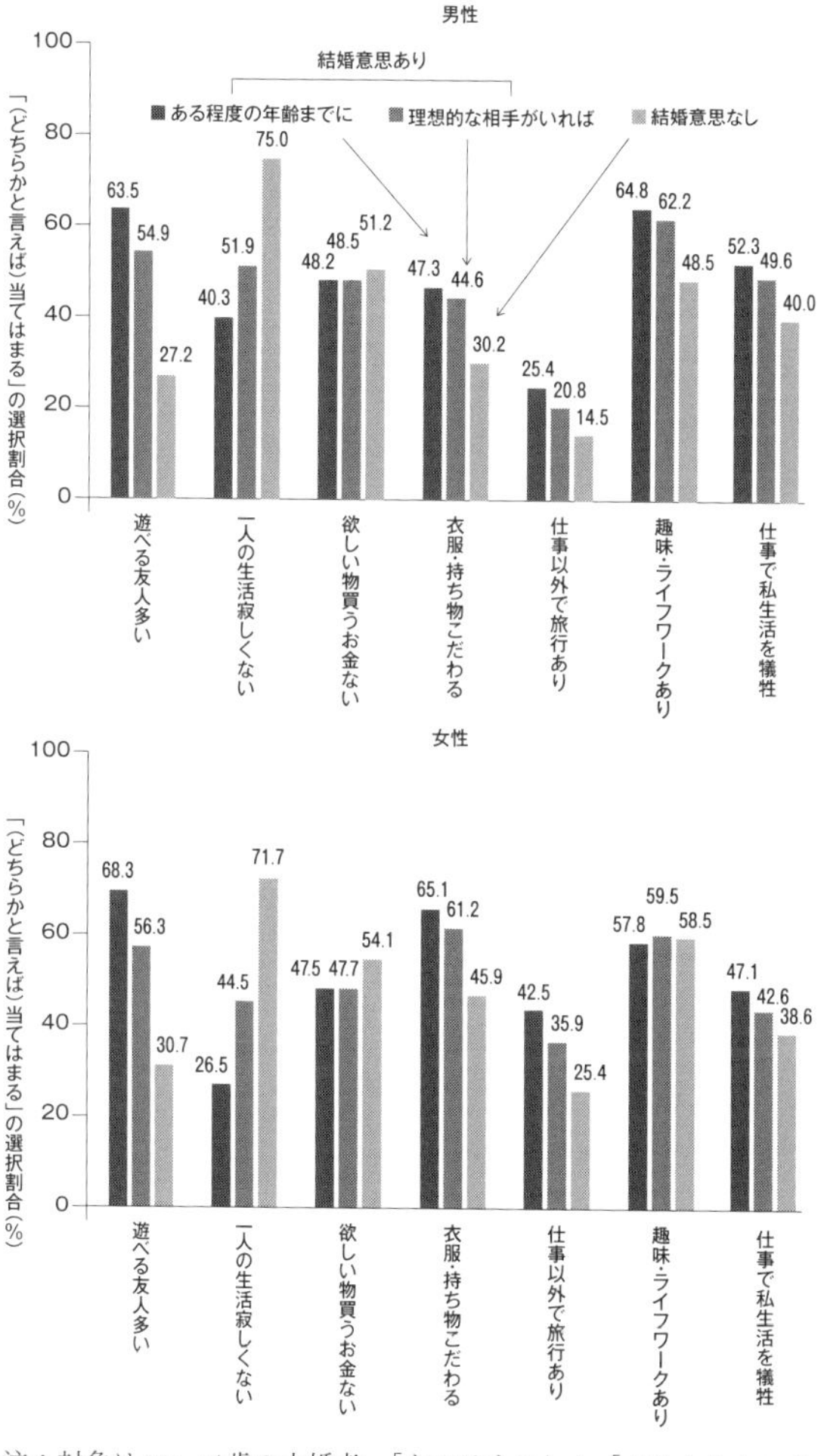

注：対象は18〜34歳の未婚者。「あてはまる」と「どちらかといえばあてはまる」を合計した選択割合（%）。
出所：表3－1に同じ

こだわらない）結婚をしたいと思う人と、理想の相手に巡り合えた時に結婚したい、とする人の二種類に分けられている。

図3−8でもっとも印象深い結果は、結婚意思のない男性も女性も、七〇％台で一人の生活はさびしくないとしている点である。さらに理想の相手にこだわる人ほど、一人の生活をさびしいとは思わないと感じる程度が、理想にこだわらずに結婚する意志のある人より高い。これらの結果をまとめると、独身志向の人は一人での生活をさびしいとは思わない、と思っているので、独身を続けられるのである。

これを遊べる友人が多い、という項目と比較すると、独身志向の人ほど遊べる友人は多いとは回答していないので、意外にこれらの人は開放的ではない性格の持主の人とも解釈できる。悪く言えば、孤高な人生を送れる人に独身志向が強いということになろうか。他人から見ればこういう人はさびしい人生と映るかもしれないが、本人はそれでいてさびしくない、すなわち満足ないし幸福と感じているので、問題ないのである。

図3−8は他の項目についても、いろいろ興味深い結果が出ているが、本書の関心からすると「一人の生活さびしくない」と「遊べる友人多い」がもっとも重要な意味を示している。他の項目については結婚志向の人と独身志向の間に大きな差がないので多くを語らない。

「一人の生活さびしくない」に関して、一九九七（平成九）年から二〇一五（平成二七）年にかけて、全体では男性が四一・五％から四八・四％へ六・九％ポイント、女性が二八・三％から三六・二％へ七・五％ポイントの増加であり、一八年間の間にこれだけの増加はかなりの増加とみなしてよい。男女ともに一人暮らしをさびしく思わぬ人は増加傾向にあるが、しかしまだ五〇％を超えていない事実に留意したい。むしろ、既に強調したように、結婚への思いの違いによる効果に差のあることを記憶してほしい。

中年期の離婚

将来の結婚に関して見ると、若年の未婚者に両極分解が発生していることが分かった。すなわち、多数派の結婚する一群と少数派ながら未婚を続けるという一群の存在である。一昔前であれば、結婚できない人はなんとなくあわれと思われていたが、現代では必ずしも全員がそうではなく、自分から好んで未婚を選択する人のいる事実を指摘した。

結婚する人にとっては、幸せな結婚生活を続けられればそれに越したことはないが、今の世の中離婚する夫婦が増加中であることは皆の知るところである。今や初婚の夫婦のうち、およそ三分の一は離婚に至っているのである。読者の身のまわりにも、きっと離婚経験者がいるのではないだろうか。

そこでまず日本において離婚件数と離婚率の推移を簡単に見ておこう。図3－9がそれを示したものである。それによると、離婚件数は、一九六〇（昭和三五）年あたりから上昇傾向を示した。一時期（一九八〇年代中期）に多少減少に転じたが、その後は急上昇の傾向に再び転じた。そ

図3－9　日本における離婚件数と離婚率の推移

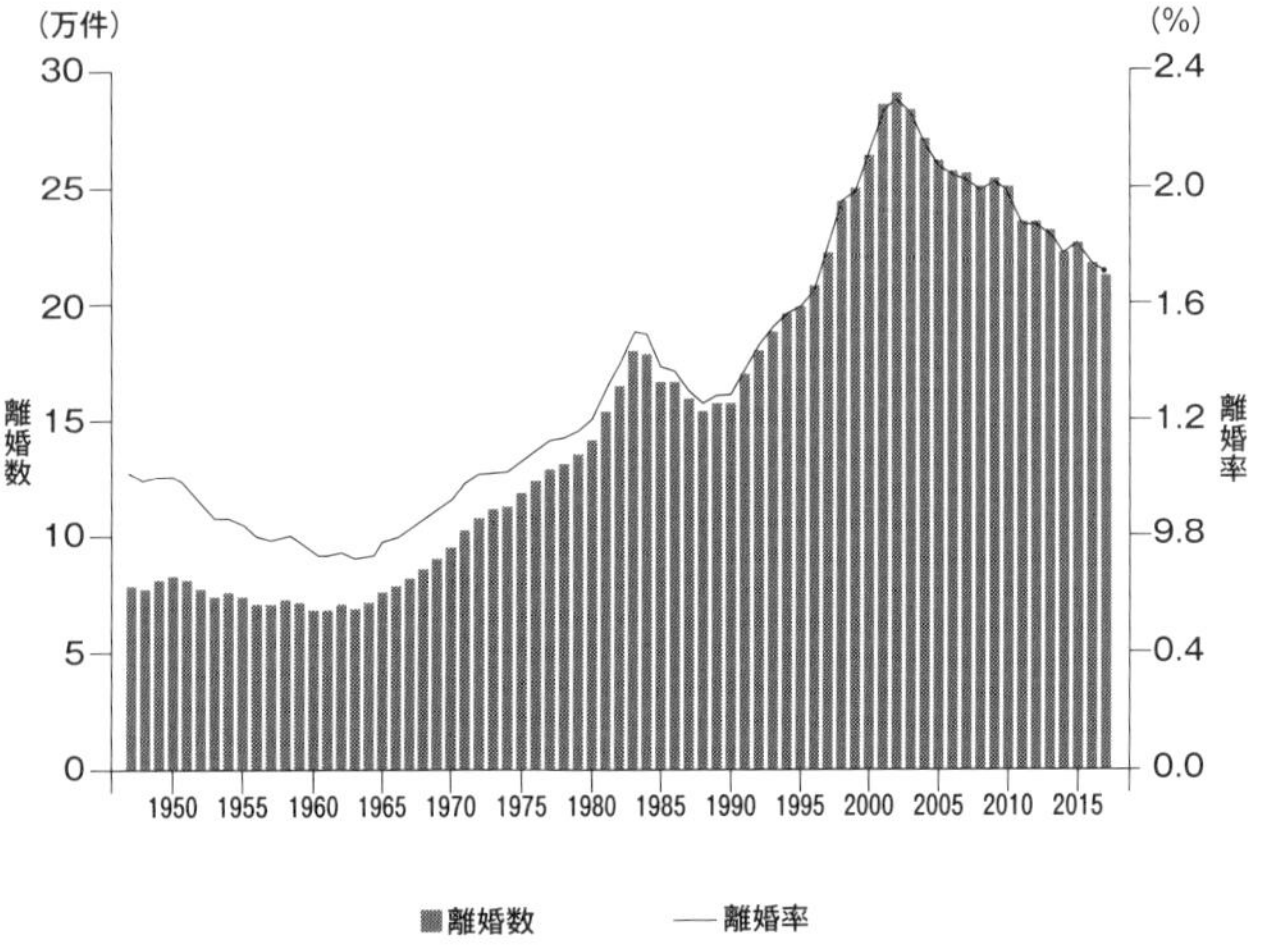

出所：国立社会保障・人口問題研究所『人口統計資料集』2019年

れも二〇〇〇年代中期にピークに達したが、その後やや減少に転じた。

この最近の離婚件数の減少は独身者の増加を反映している。すなわち、結婚している夫婦の数の減少という事実を考慮すれば、離婚数が減少するのは当然であり、離婚が深刻でなくなったという解釈はできない。すなわち結婚している人が少なければ、離婚する人も少なくなるからである。それは離婚率の推移によってより正確に把握できる。図が示すように離婚率はやや低下してはいるが、離婚件数の低下ほど激しくはない。

本書の関心は中年期の離婚なので、年齢別に離婚の実態を知っておく必要がある。表3－3は年齢別の離婚率を示したものである。

この表は過去との比較をするために、戦前から現代までの数字を示している。まずこの

表３－３　性、年齢、（５歳階級）別離婚率（1930～2013年）

年齢	1930年	1950年	1970年	2013年	1930年	1950年	1970年	2013年
	夫				妻			
総数	2.50	2.01	1.47	3.17	2.52	1.85	1.38	2.97
19歳以下	0.10	0.09	0.03	0.16	1.04	0.62	0.19	0.45
20～24	2.14	2.47	1.12	2.50	5.41	4.47	2.59	4.20
25～29	5.59	5.51	3.64	5.82	5.44	4.33	3.72	8.03
30～34	5.04	4.11	3.23	7.52	3.97	2.70	2.48	8.69
35～39	3.86	2.81	2.19	6.68	2.75	1.69	1.62	7.03
40～44	2.83	1.95	1.40	5.57	1.94	1.10	1.02	5.59
45～49	2.14	1.30	0.93	4.60	1.41	0.66	0.59	4.08
50～54	1.52	0.90	0.59	3.37	0.87	0.39	0.36	2.49
55～59	1.20	0.62	0.48	2.23	0.57	0.24	0.21	1.34
60～64	0.92	0.42	0.35	1.41	0.33	0.09	0.12	0.79
65～69	0.62	0.30	0.29	0.90	0.14	0.09	0.08	0.50
70歳以上	0.42	0.19	0.19	0.34	0.05	0.03	0.03	0.13

出所：厚生労働省『人口動態統計』（表の数字は％）

表にのっとって、年齢別にこだわらず全年齢で離婚率を一昔前から現代までをたどると次のようになる。すなわち一九三〇（昭和五）年は離婚率は比較的高かったが、その後減少に転じて〇・六％から〇・八％の低位で進行した。しかし一九九〇（平成二）年代から急激に上昇して二・三～二・四％に達した。離婚率上昇中という我々の一般認識と合致する。

本題の年齢別の離婚率に注目してみよう。まず強調すべきことは、昔は二〇歳から二九歳という若年層の離婚率が一番高く、他の年齢層より高かったが、現代では一番高いのは二五歳から三九歳の離婚率で六～八％に達しているのがわかる。これは昔は年齢の若い時に結婚していたので、離婚の発生もその年齢に近かったが、現代では晩婚化が進んでいるので、その人々に発生する離婚も年齢が昔より高くなったためである。さらに、昔より今の方が離婚率の高くなった一般傾向が、中年層の離婚率を高めたもう一つの理由である。それに続いて高いのは、二五〜二九歳と四〇〜四四歳であり、まさに人生の半ばにおいての離婚数が多いのである。ここで分かったことをまとめれば、昔と比較して中年になってから離婚する人は確実に増えているのである。

中年期の離婚は結婚年数を五年から一五年ほど経験してからの現象であり、新婚生活の甘さはとうに過ぎて、やっと落ち着いた結婚生活に入ろうか、といった時期に起こる離婚と言えるだろう。中には子どもを持った中年夫婦が多いだろうが、一昔前には「子はかすがい」として離婚に踏み出さない夫婦が多かったが、今ではその「子はかすがい」の思いもかなり消滅した。世間の冷たい眼も離婚には向けられなくなったので、大手を振ってとまでは言わないが、中年の離婚はさほどのためらいもなく実行されるのである。

ここでごく簡単に日本の夫婦になぜ離婚が発生するのかを述べておこう。もっとも興味ある事実は、離婚は女性から言い出すことが圧倒的に多く、男性はそれを渋々受け入れているのである。女性に結婚生活の不満が高いか、夫への反感が強いという思いがあり、女性が結婚の解消を申し立てるケースが多いのである。最高裁判所の総計『司法統計年報』によると、妻からの離婚申し立てが七二%、夫からの申し立ては二八%なので、妻からが二・六倍ほど夫からのより高いのである。

ではなぜ妻からの申し立てが多いのだろうか。離婚理由を示した図3－10によって、それがほぼ解明できる。それを語る前に、日本の離婚原因のダントツのトップは「性格があわない」であることを強調しておこう。性格があわない夫婦であると、後に述べる具体的な離婚理由をなんとか解決しようとする努力、行動がうまく進まない可能性を高める。さらに、恋愛時や結婚時のときに感じたかもしれない性格のあわないという事実も、当時は愛情による盲目さで許されたであろうが、共同生活が長くなるとそれを徐々に不満と感じる程度が強くなる。もう一つ有力な解釈は、「性格があわない」は露骨な相手への不満というよりも、全体的な不満を象徴する理由として挙げられるのにふさわしい言葉であるという点だ。ちなみに、「性格があわない」も妻が六二・六％、夫が四五・六％なので、妻からの思いがかなりの程度でより強い。

具体的な理由に入ろう。まず「暴力をふるう」が二七・二％、「生活費を渡さない」が二五・三％の高さであり、両者ともに主として夫側に責任のある理由であるし、妻に関しては非常に低くなっている。次いで高いのは「精神的虐待」が二三・二％であり、身体的暴力と精神的虐待は男性が女性に与える心身の暴力なので、これが離婚の原因として最も高いのである。女性よりも男性の方が肉体的・精神的に横暴性が強いのは、この統計データからすれば事実であると言わざるを得ない。もっとも「精神的虐待」は女性も一四・九％と少し高いので、女性の側も男性に対して精神的苦痛を与えている事実は無視できない。

「異性関係」という理由も、妻が二一・九％、夫が一五・九％とかなり高い。夫が不倫している率が妻のそれよりも少し高いと解釈できる。戦前の民法であれば、夫の不貞は許され妻の不貞は

図3－10　妻・夫別の離婚理由——申し立てに対する割合（1975～2012）

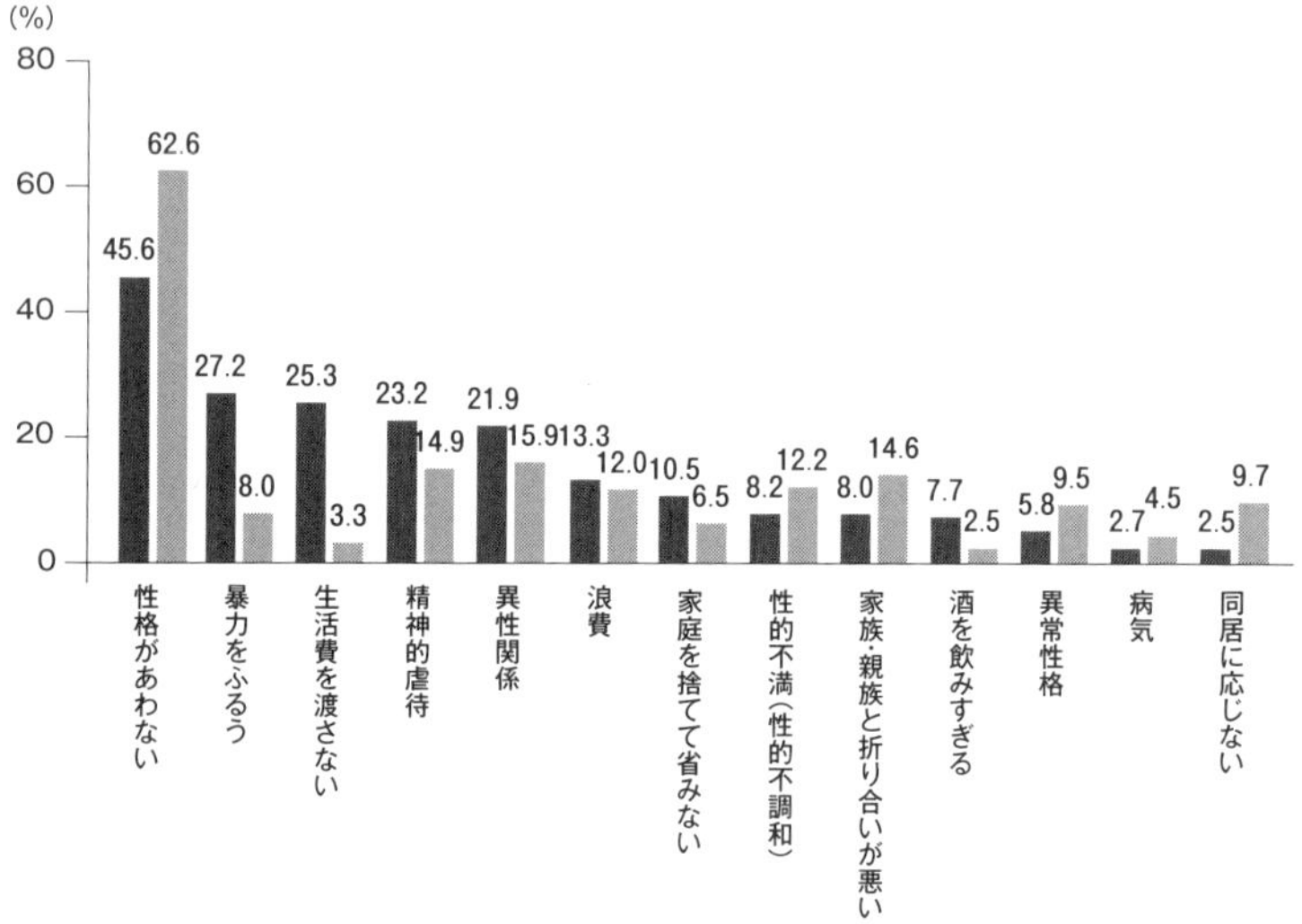

離婚申し立て割合

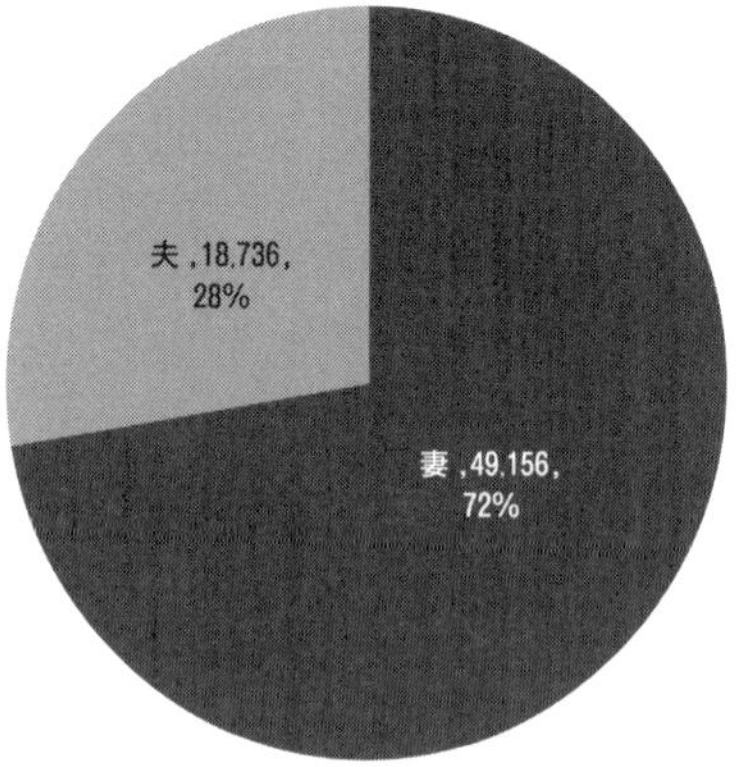

出所：最高裁判所「司法統計年報」

許されないという非対称性があったが、現代はそれはないので両性ともに不貞・不倫は離婚の理由として容認されている。

これらに続くのが、「浪費」「家庭を捨て省みない」「性的不満」などであるが、それほど高くない理由である。一つ特筆すべきことは、妻側からの理由として「家族・親族と折り合いが悪い」「同居に応じない」などが夫側と比較するとより高く出ており、これは夫の親族との関係が良くないことを示唆したものである。嫁と姑の関係は三世代住居が激減したので一昔前ほど深刻ではないが、日本の家族関係を語る上で避けられないことであり、これが今でも少し残っていることの証拠である。

ここで述べたような理由が重なって、日本の夫婦は特に中年になってから離婚するのであるが、実際の離婚は本人達の合意、調停、そして裁判という様々なプロセスを経てから実行される。離婚には、もし子どもがいればどちらが親権を取るか、子どもの養育費の問題、時によっては慰謝料の発生などの話題があるが、これらについては橘木・迫田（2020）が詳しいのでそれに譲る。

中年期の再婚

ここまで離婚について詳しくみてきたが、次に離婚した人が再婚するかも気になるところだ。厚生労働省の統計によると、離婚した人のおよそ二割から三割が再婚するとされているので、多数派ではない。「結婚はもうこりごり」と離婚者の全員が感じるのではないが、離婚した人のかなりは様々な理由によって再婚せず、一人暮らしを始めてかつそれを続けるのである。

なぜ再婚しないのか、筆者の知る限り統計がないので推論に頼らざるをえないが、次のような理由が考えられる。第一に、独身をなぜ続けるか（すなわちなぜ結婚しないのか）を論じたときに、「自由な行動や生き方ができる」がもっとも重要な理由だったことを思い出してほしい。結婚生活をしてみると、いろいろな制約が重くのしかかり、自由な生活のできないことをそれこそ体験したので、今度はもうその苦しみを二度と味わいたくないと思うのは、自然なことと判断できる。すなわち、独身者が結婚しない理由として挙げたものが、離婚者にはより強く感じられるのは、結婚生活によって自由を失った経験の賜物なのである。

第二に、子どもがほしいという希望が結婚の理由としてあったが、結婚して子どもが生まれればたとえ離婚しても、親権を自分が確保できれば、この思いは満たされている。子どもが欲しいという希望は男性より女性の方が強かったが、離婚後の親権（子どもの引き取り）は圧倒的に女性に認められることが多いのであり、ここで述べた第二の理由は女性に強く当てはまる。子どもを引き取った女性が再婚を望まない理由の一つになりうると考えられる。

その証拠として、再婚カップルの構成に注目してみよう。厚労省の統計によると、夫が初婚・妻が再婚が七・一％、夫が再婚・妻が初婚が一〇・〇％、夫婦ともに再婚が九・七％となっているので、男性の再婚率が女性の再婚率よりも少し高いのである。すなわち男性は再婚を望み、女性は再婚をそれほど望まないと解釈できるのである。

以上で述べた中年期の人の再婚動機を知るために、五〇代と六〇代の独身男女へのアンケート結果を紹介しておこう。それは「婚活支援サービス」がこれらの人への婚活意識を問うたものである。残念ながら、若い頃から未婚を続けた人なのか、それとも離婚経験者なのかの区別はわからないが、現代の五〇代と六〇代の人であればずっと未婚であった人は非常に少ないと思われる

図3－11　50代、60代の人の恋愛・結婚についての願望（n＝1958）

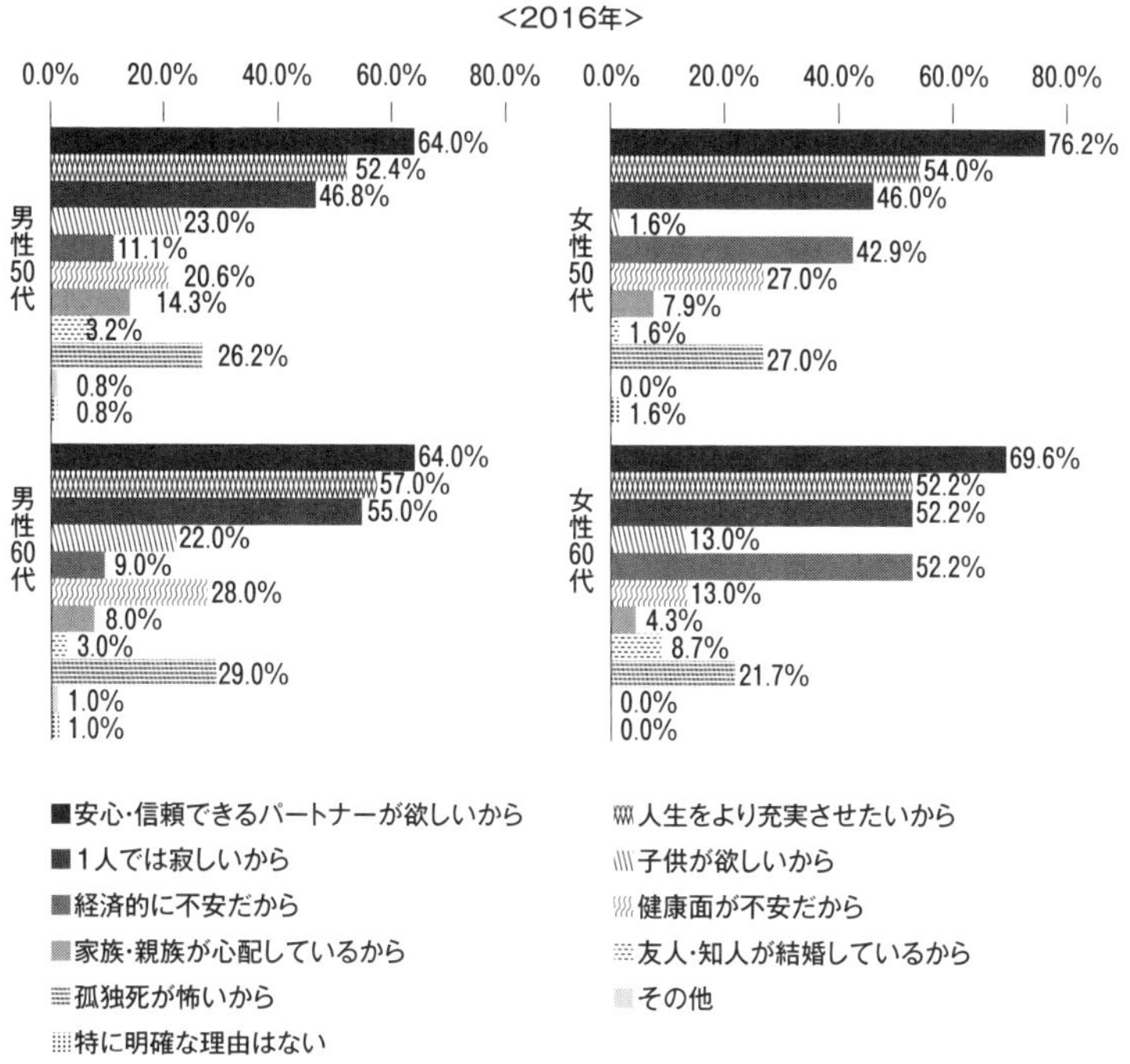

出所：シニアガイド・HP

ので、大半が離婚後に独身者となった人と理解してよい。図3－11がそれを示したものである。

この図によると、パートナー（すなわち結婚、同棲、恋人、異性の友人など）を求めているのは、女性と男性で願望が少し異なる。一人でいると不安であるしさびしいと思う人は男性に多く、女性は一人でもいてもそうさびしく思わないのかもしれない。あるいは、ここの回答には出現していないが、男性は家事などで不便を感じている人が多く、生活力のない姿の反映でもあると考えられる。

一方の女性は家事などの生活力があるので一人暮らしはさほど問題ないが、収入が少ないことによる経済的不安が高く、五〇代で四二・九％、六〇代で五二・二％の女性がパートナーを求める理由に経済的理由を挙げている。男性は収入があるだけに経済生活の不安はないが、家事などの生活を支援してくれる女性、さびしさを和らげてくれる女性を求めているのである。

ではパートナーを求める人に関して、なぜそういう人を求めているかの理由を述べておこう。まずは「安心・信頼できる人がほしい」が第一位であり、第二位は「人生をより充実させたい」、第三位は「一人で寂しい」というのが続く。さらに中年層に特有の不安である「健康面の不安」と「孤独死の怖さ」が続いているのであり、年齢相応の不安感を取り除いてくれるパートナーが欲しいのである。

以上をまとめると、五〇代と六〇代の年齢層における独身者は、男性ではパートナーを求めている希望が五〇％ほどの強さであるが、逆に女性ではそれを望む人は二〇％強にすぎず、一人で暮らしていける自信に満ちている。しかし、こういう女性は経済力のある人であって、収入に不安のある女性は男性パートナーの経済力を求める程度が強い。

最後に、離婚する人は何年後に再婚するのかを調べておこう。それは図3－12で知ることができる。この図によると、離婚後二年以内が男性で二九％、女性で二六％なのでかなり早い時期での再婚である。不倫などが離婚の理由であれば、結婚中も隠れて異性と付き合っていた可能性が

図3－12　離婚から再婚までの期間

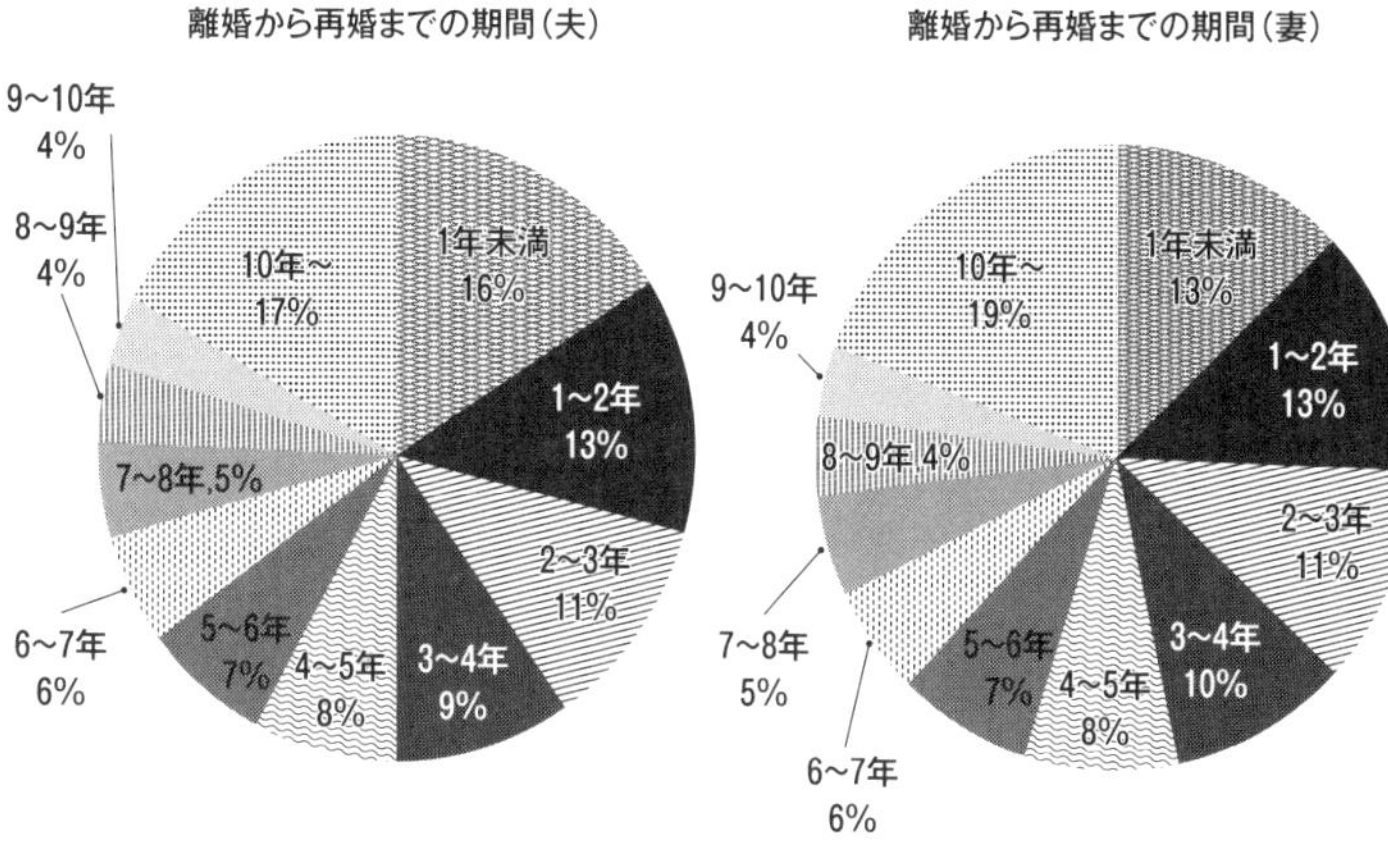

出所：厚生労働省『婚姻に関する統計』2017年

あるので、比較的すぐに再婚しても不思議はない。特に男性の一年未満の再婚の多さからそれが言えるし、男性の再婚希望の強さを別の角度から示唆しているとも解せる。

次に三年から五年という期間については、男性が二八％、女性が二一％とこれも男性の方がやや多い。二年未満と合計して五年以内で再婚する人を計算すると、男性で五七％、女性で四七％となる。およそ半数の人が五年以内に再婚していることとなるが、これも男性が女性よりやや多くなっている。

一方で離婚後、一〇年以上経過してから再婚する人も男女ともに二〇％弱いる。離婚という一大事件を経験しただけに、そのショックが大きくてなかなか新しい伴侶を探す気になれないこともあるだろう。それに加えて、今度は失敗しないためにも相手探しに慎重になる可能性もあるので、再婚の遅れることがありうる。

単身者の増加と中年

中年になって離婚する人の多いことがわかり、それらの離婚者の二〜三割が再婚はするが、過半数は独身を続けることも統計から明らかになってきた。高齢者になったときに単身でいるということは、様々な生活上の困難が待ち受けていると考えられる。子どものいた離婚経験者で、しかも親権がその人にあれば高齢になってからも子どもという親族がいるので、完全な孤独にはならない。しかし約八割の男性は元の妻に子どもの親権が渡るので、生涯一人身になる可能性が高い。

離婚経験者で再婚しない人の単身生活に加えて、もっと深刻な問題になりかねない事実がある。それは一度も結婚しない未婚者の存在である。結婚する人、しない人の話題はかなり詳しく論じてきたので、ここでは生涯未婚の人がどれほど予測されているかだけ述べておこう。それが図3−13であり、政府の研究所である「国立社会保障・人口問題研究所」の推計による。

これによると、一九九〇（平成二）年頃までの生涯未婚率は男性が一〜三%、女性が四%台とかなり低かった。これは日本人の皆婚社会という特徴の反映であった。しかし一九九〇年を過ぎる頃から人生で一度も結婚しない人が急増の傾向を示した。二一世紀に入るとそれが男性で一〇%台、女性で五・八%となり、その後も急増を示して現代では男性で二四%を超え、女性で

図3－13　生涯未婚率の予測

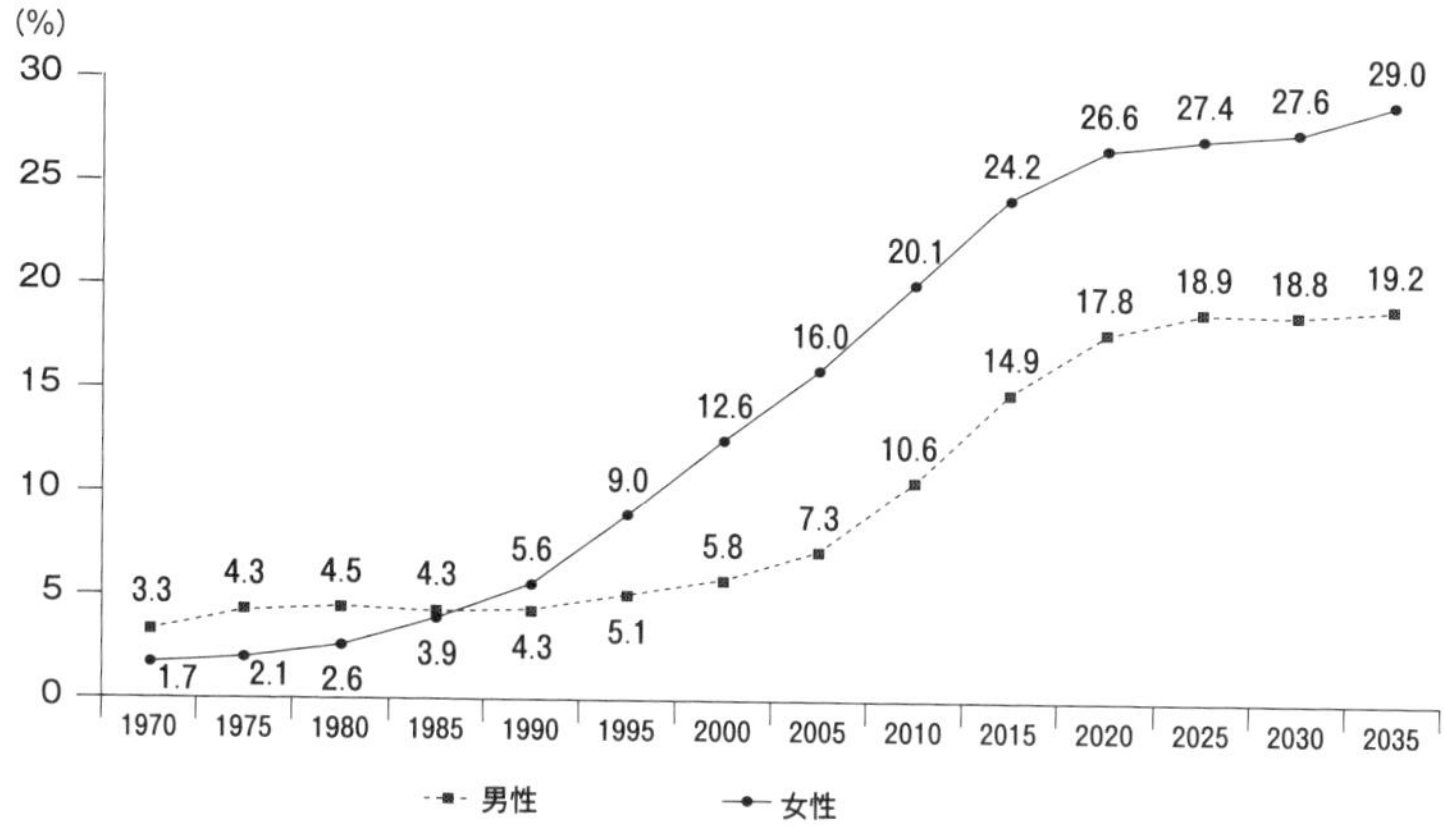

（注）生涯未婚率とは、50歳時点で1度も結婚をしたことのない人の割合。2010年までは「人口統計資料集（2015年版）」、2015年以降は「日本の世帯数の将来推計」より、45〜49歳の未婚率と50〜54歳の未婚率の平均である。
出所：国立社会保障・人口問題研究所「人口統計資料集（2015年版）」、「日本の世帯数の将来推計（全国推計2013年1月推計）」

一五％前後にまで達している。今後を予想すれば二〇三〇年代には男性で三〇％弱、女性で二〇％弱である。およそ二〜三割の国民が一度も結婚しないと予測されているのである。

なぜ女性より男性の方が生涯未婚率が高いのか、簡単に述べておこう。第一に、生まれてくる赤ちゃんの性比は、女性を一・〇とすると男性は一・〇五を超えているので、世の中は男性の数が女性の数より多い。一夫一婦制が日本の規範なので、男性で結婚できない人が生じるのは自然である。第二に、離婚した男性の再婚相手は初婚の女性が多く、これは一人の男性が複数の女性を囲い込むことを意味するので、女性に巡り合えない男性の増加が生じる。

このようにして生涯未婚者の数が増加し、中年期に離婚して再婚しない人がかなりの数存在することになる。こういう人が高齢になってから単身で生活するとなれば、様々な問題の生じることは皆の予想できるところである。

具体的にどういう問題が生じるのかは詳しく論ぜず、箇条書きだけにしておこう。第一に、非正規社員などが多かったので、賃金収入の低いことがあり、貯蓄額も少ないので高齢になってから生活費に欠乏の生じることがある。第二に、もし現役労働中に賃金収入の低い仕事をしておれば、社会保険料の支払い額が低かったので、年金、医療、介護などの社会保険給付額が低い。第三に、孤独死の問題でわかるように、病気や要介護になったときに、一人身なので看護・介護を十分に受けられない場合がある。第四に、若い頃や中年の頃は一人暮らしをやっていける、と自信に満ちていた人の多いことは既に紹介したが、そういう人でも高齢になってから心身ともに弱くなるので、心のさびしさや生活上の不便を感じるようになる。

第４章　中年期における心の問題

ライフサイクル

ライフサイクルとは、一人の人間が生まれてから死ぬまでに、どのような人生を歩むのかを分析・議論するものである。社会学ではライフコースという言葉を用いられることが多いが、経済学や心理学ではライフサイクルという言葉が一般的なので、ここではライフサイクルという言葉を用いる。ライフサイクルもライフコースもほぼ同じ概念を意味していると理解してよい。

まず経済学でライフサイクルをどう理解しているのかを簡単に述べておこう。図4－1は、およそ二五年前に筆者の提案したライフサイクル（生まれてから死ぬまで）で、人間はどの年代のときに、何をしているかを書いたものである。

生まれてからは、大別して次の四つの時期を経験している。（1）幼児期、（2）教育期、（3）勤労期、（4）引退期、である。経済学では（1）と（2）を勤労期への準備期間とみなしているが、この見方に対して教育学や社会学からは抵抗があるかもしれない。人間性や人格を高めるために教育は存在するのであって、働くための準備だけではないとの批判が聞こえてきそうである。両方の目的（すなわち人格形成と勤労準備）があると認識するのが正しい。経済学は勤労期に働くことによって賃金・所得を稼いで経済生活の糧にするという目的に注目する。引退期は働いて

図4－1　生まれてから死ぬまでの経路

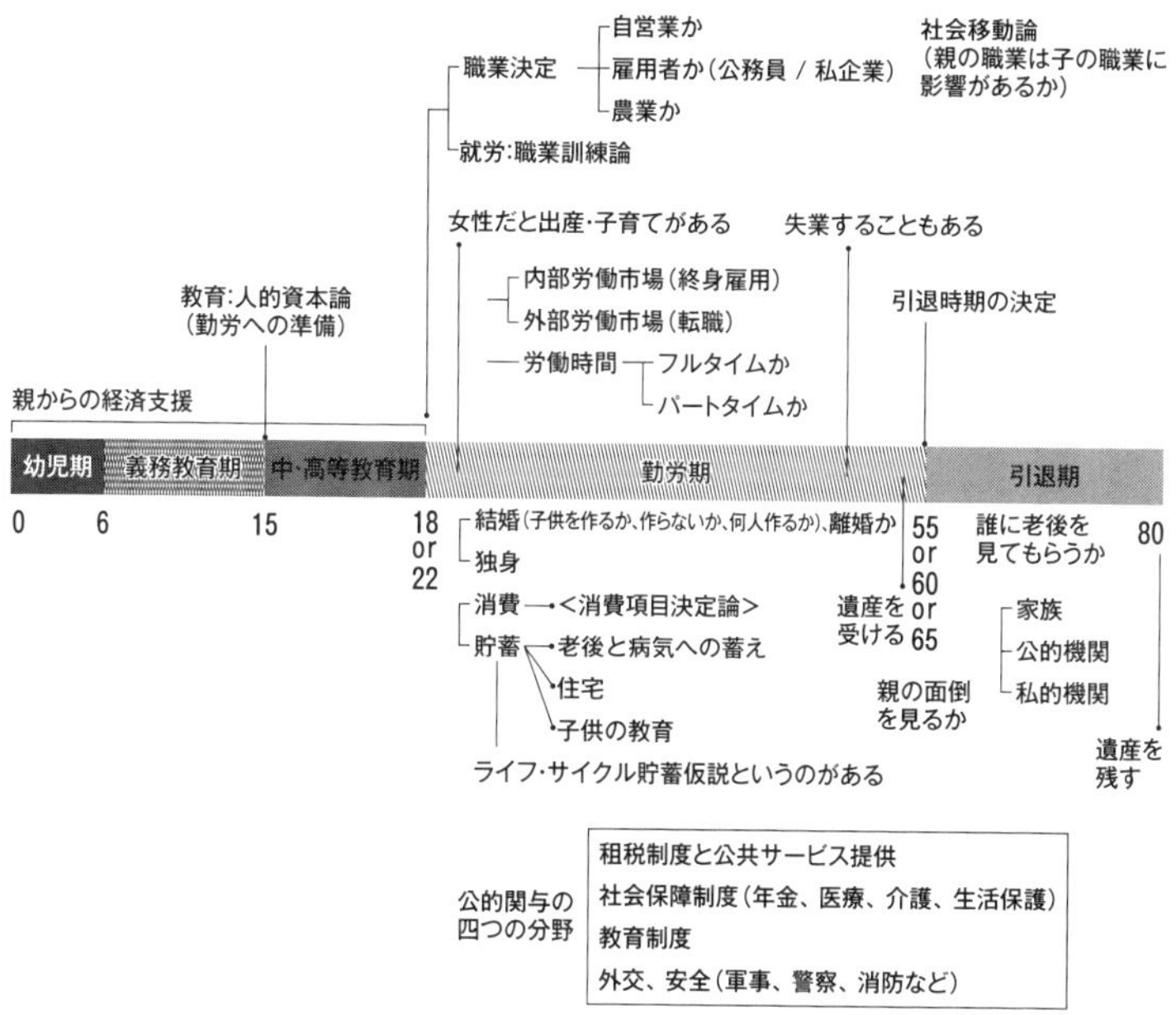

出所：橘木俊詔・下野恵子（1994）図1－1を改訂

稼げないので、その期間に所得があるように様々な準備（年金保険料と医療・介護保険料の拠出、私的貯蓄）を、勤労期に行っておくのである。実は勤労期は引退期への準備期間としてとても重要なのである。

この図を見ながら、これを作成した筆者に二つの感慨がある。第一に、公的関与の三つの分野の中での社会保障制度において、年金と医療は掲げられていたが、当初は「介護」は書かれていなかった。日本の介護保険制度は二〇世紀の最終年である二〇〇〇（平成一二）年に創設されたのであり、この図の書かれた時期（一九九四年）はま

表4－1　心理学による発達期の区分

出生前期（prenatal period）：
体内にいる時期。卵体期（ovum：受精後6～10日）、胎芽期（embryo：～2か月ごろ）、胎児期（fetus：～40週まで）に区分
新生児期（neonatal period）：生後4週まで
乳児期（infancy）：生後4週間～1歳6か月まで
幼児期（young childhood）：1歳6か月～就学まで
児童期（childhood）：小学生の時期
*思春期（puberty）：小学生後半～中学生
青年期（adolescence）：中学生～20歳代後半
成人期（adulthood）：30歳代～
*中年期（middle age）：青年と老人の狭間
老年期（senescence :old age）：65歳以上

注）*研究者により、各期の始期や終期が一致しないことがある。特に、「思春期」と「中年期」は、その時期をどう設定するかを含めて、研究者による違いが大きい。
出所：子安（2011）

だ介護保険制度がなかったのである。

第二に、四つの時期を期間の長さで評価すると、勤労期が四〇年から五〇年にわたり、人生の中でもっとも長い期間である。本書の関心である中年期に焦点を合わせると、勤労期の最初の頃は若年期とみなすのがふさわしいが、若年期を終えた中年期でも勤労期の大半を占めていると理解できる。従って、中年期のもっとも重要な活動は勤労することと所得を稼ぐことにあるとみなしてよい。本書で勤労に関する話題を分析・議論する理由もここにある。

次に心理学からライフサイクルを考えてみよう。心理学の中でも特に発達心理学という分野では、人間が生きていく上での年齢区分、あるいはどういう活動を生活の中心においているか、あるいはどういう特徴をもった生理的、身体的、精神的な時期にいるかの区分をして議論している。それを簡単に示したのが表4－1である。幼少の頃がもっとも早い発展を示すので、細かく分類されている。本書の関心が中年期にあるので、幼少期の説明は省略する。

児童期と青年期を図4―1に対応させれば教育期にあたる。心理学では三〇歳あたりからを成人期とみなし、六五歳以上を高年期（図4―1では引退期に対応）とみなしている。中年期も掲げているが、青年と老年の狭間とされている。しかしここでも中年期はもっとも長い年数を占めていると理解できる。

心理学で中年期を重要と考える理由は、「中年クライシス（危機）」という言葉で象徴されるように、いろいろな人生上の事象が入れ変わり立ち変わり訪れる変化の激しい時期だということがある。河合（1996）はこれを本格的に分析した。一般的には勤労をしている時期ではあるが、仕事上のことや職場でのストレスに苦しむことがある。さらに結婚して子どもがいれば、養育と教育に悩むことが多いし、離婚という事態に追い込まれることもある。老後のことを真剣に考えねばならない時期でもある。そうこうしているうちに、親の介護の問題が降りかかる年代でもある。

今までの若年期であれば心身ともに健康である人が多かったが、中年期になると心身に変調をきたすか、それの弱体化の兆候を感じ始める世代でもある。若い世代であれば学校での教育やクラブ活動、就職、友人・恋愛などの苦悩があるし、高年齢になれば健康や生活上の問題を経験する人も多いので、中年だけが苦悩の中にいるのではない。しかし、中年世代ほどいろいろな複雑な問題が同時に降りかかることはない。中年期における心理上の問題は「中年クライシス」と呼ばれるように、それこそ大変なのである。その証拠の一つとして、後に詳しく述べる自殺がある。中年世代が自殺者数がもっとも多く、その深刻さの一端がうかがわれる。

中年期の心理問題

中年期における経済的な問題は、これまでの章でも詳述し、また次章以降でも詳しく論じるので、ここでは中年期における心理学的な問題に注目してみたい。一九世紀後半から二〇世紀初頭にかけて心理学の発展に大きく寄与したフロイトは、幼児期における心理や人格形成がその人のその後の一生を決める上で重要な役割を演じると主張した。すなわち、幼児期の心理的葛藤が、成人期、あるいは中年期まで続くとともに、人格の形成に大きく影響を及ぼすと考えたのである。裏返して言えば、幼年期にある程度の心理特徴が定まれば、それ以降は比較的安定した心理状態が続くのである。

しかしフロイトの弟子であったが、彼から去ったユングは中年になって人間の心理は大きく変容することがあると主張し、中年期における人間の心理を探求することの重要性を説いた。なぜかといえば、中年になると職業を持って仕事をして所得を稼ぐようになるし、結婚して子どもを持って家族を形成するので、まわりの人との付き合いが多くなる。子どものことで悩むことがあるし、中年後半になると親の介護の問題が発生し、それらが心理的な変容と葛藤を生む可能性があると考えた。それによって自己を見直す機会が与えられるので、人格の形成が確立の方向に向かうと考えたのである。日本におけるユング心理学の継承者である河合隼雄が、「中年クライシス」を論じたのもその影響であると理解できる。

河合（1996, 2002）によると、若年代や中年前期においては、仕事、社会的地位、財産を築き、そして家庭を持つことに必死になるので、自分は何のために生きているのかとか、自分は何者なのかというアイデンティティの問題、自我が何を基礎としているのかなどを考える余裕がなく過ごしてしまうとする。特に普通の能力を持った人は、仕事、地位、家族、財産などへの対応に忙殺されてしまい、ここで述べた人間の存在意義やアイデンティティ、自我を考える暇などなかったのである。

そこでユングは、恵まれた能力や環境にいる人々が、仕事、地位、家族、財産などに立ち向かっている時期に、特に人間の存在意義とか自我を考える人物となっていることを明らかにした、と河合は主張している。すなわち、中年の後半期にこのような考えや反省を持ちがちな「中年クライシス」は、特に能力の高い人や恵まれた環境にいる人に多く発生する事象であると河合はみなした。換言すれば、「中年クライシス」はエリートないし準エリートに特有なことなのである。少なくともユングの時代はそうであった。

しかし時代は進み、ほとんどの人が義務教育と中等教育を受け、多くの人が高等教育を受ける時代になった今日においては、過去においてはエリート層に起こりがちであった「中年クライシス」が、ごく一般の人々にも及んできたのである。確かに今の時代でも人々は、仕事、地位、財産、家族に深くコミットしているが、昔と異なってごく普通の人々でもこれらの活動をしながらも、人は何のために生きているのかとか、自分は何者なのか、自我を意識するとか反省するといった思いを抱くようになったのである。これこそが今日における「中年クライシス」を多くの人が体験する時代になっている証拠である。

なぜ日本において「中年クライシス」が顕著になったのか、二つの背景を述べておきたい。一つは、戦前と戦後の一時期の日本は国民の所得は低く、人々は働くことによってその日暮らしに明け暮れせねばならない時代だったので、「人間とは」とか「自分とは」などを考える余裕がなかったことがある。しかし高度成長期以降に国民の所得も伸びて、ある程度豊かになり、「人間とは」「自分とは」を考え直す余裕ができたので、「中年クライシス」が発生する素地が誕生するようになった。

第二に、日本が格差社会に入ったことは確実で、貧富の格差、教育格差などあらゆる分野で格差の目立つ時代となった。本書でも強調しているように、中年層の間で経済的に恵まれていない人々の数が増大した。これを筆者は、ここで述べてきた「人間とは」とか「自分とは」といった心の問題が中年に発生している「中年クライシス」とは別に、それこそ生活の苦しい中年が多く発生している事実を、これまで心理学者の主張してきた「中年クライシス」とは質の異なる「新しい中年クライシス」が発生していると主張したい。

「新しい中年クライシス」とは、若い時代に望む仕事に就くことができず、その不利さが中年期まで持ち越されてまともな収入のない人々の苦悩である。結婚もままならないといった状況にもあり、将来は不安だらけといった中年期にまつわる不幸は深刻である。

中年期自殺の多さ

中年期は心の問題が生じるとか、あるいは精神上で苦しむ時期であることを述べたが、これを示す究極の証拠として先にも少し触れたように中年の自殺が多いことがあげられる。心の問題、あるいは苦悩を自分で解決できないと判断したときに、人は自殺する。経済学では自殺を「生きていることの効用（満足）よりも死ぬことの効用（すなわち苦悩の大きさ）の方が大きければ、人は自分で死を選択する」とみなす。つまり自殺とは、生きていることの効用と死ぬことの効用を総合的に計算した結果とみなす。そのような計算など個々の人間は具体的に、かつ厳密にできないとの批判は強いだろうが、概念としてこの説はよくわかる。生きているよりも死を選択する方が幸せといったことを主張しているのである。経済学は選択という人間の行動に注意を払う学問なのだ。

もとより衝動に駆られて自殺に走ることもある。予想外の大きなショックや意図に反することに突然遭遇したとき、前述のような計算をせずあるいは合理的な選択をせずに、悲嘆に暮れて突然自己の命を絶つこともある。例えば入学試験に失敗したとか、事業に失敗したとか、何か法律に違反することをしていることを警察や検察に見つかったとき、あるいは失恋したときなど、

図４－２　全自殺者数に対する年齢階級別構成比の推移

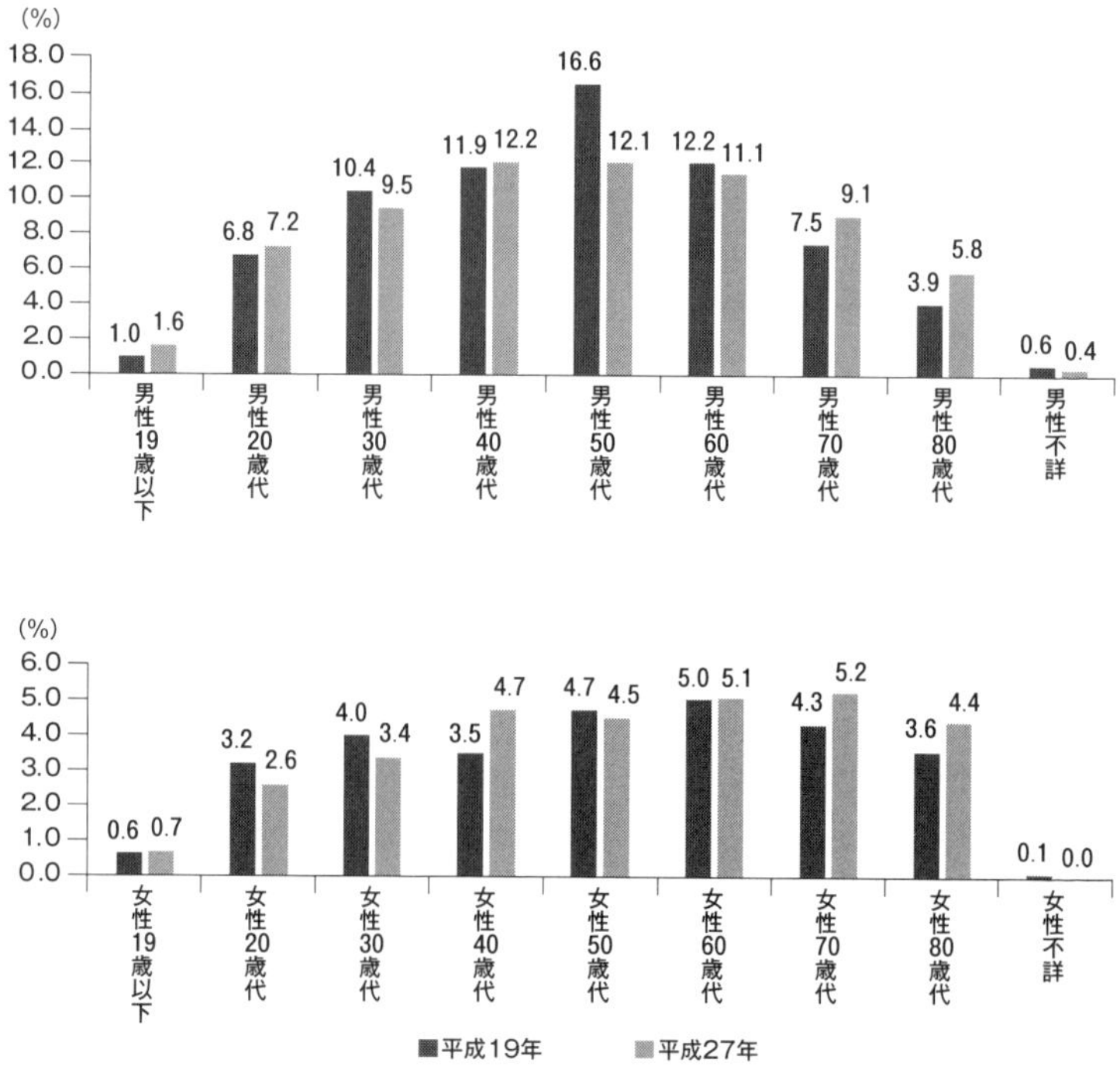

資料：警視庁『自殺統計』より厚生労働省自殺対策推進室作成
出所：厚生労働省『自殺白書』

図４－３　総数及び男女別自殺死亡率の年次推移

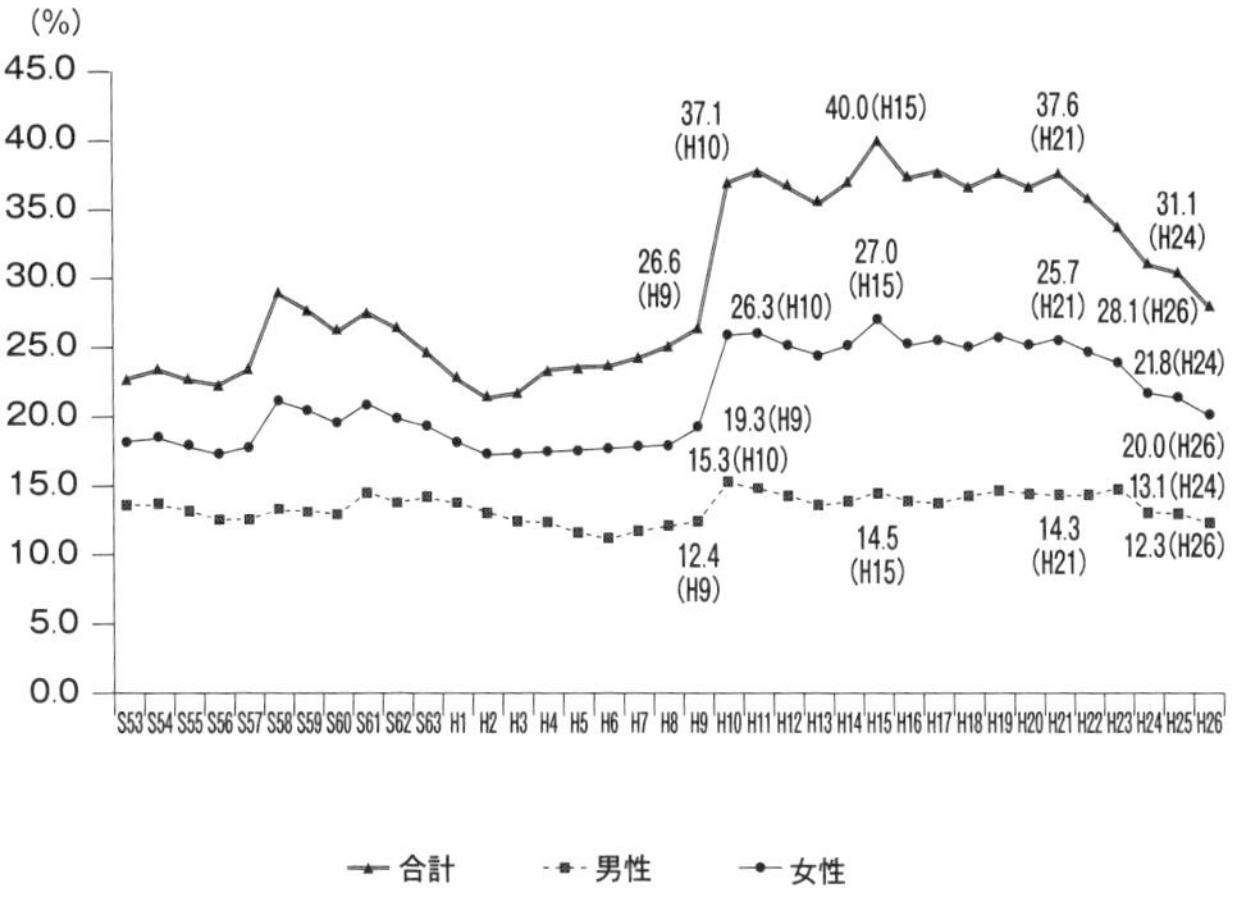

資料：警視庁自殺統計原票データ、総務省『国勢調査』及び『人口推計』より内閣府作成
出所：図４－２に同じ

種々のケースがある。

　自殺をなぜするかはともかく、年齢別に自殺者の構成比率を図４－２で見ておこう。この図によると、四〇歳代、五〇歳代、六〇歳代という中年世代の自殺が一番多い。特に男性においてそれが顕著であり、女性は年齢別ではさほど差はないといった方がよい。もう一つ有用な情報は、男女別に自殺を見ると、図４－３が示すように自殺は女性よりも男性の方がかなり多いという事実である。数でいうと男性の自殺は女性の二倍を少し越える多さなのである。男性の方が女性よりも精神的に弱いから、といった理由も指摘されるが、ここでは男女差については深入りしない。いずれにせよ自殺は中年の男性に多く見られる現象なのである。このことからも中年の心の問題を議論

する価値はあると考える。

自殺に至る理由を探ると、大別して(1)健康問題、(2)勤務問題を含む経済・生活問題、(3)男女問題を含む家庭問題、(4)学校問題、となる。ここでは具体的な統計を示さないが、(1)健康問題は病気になる確率の高い高齢者に顕著、(4)学校問題は教育期にある青少年に特有であることは説明を要しないほど容易に理解できる。そうすると中年層にとっては、(2)勤務問題を含む経済・生活問題、(3)男女問題を含む家庭問題、ということになる。そこでこれらの問題をもう少し具体的に考えてみよう。

勤労・経済問題

ほとんどの人は学校を卒業した後はなんらかの仕事に就いて、所得を稼がねばならない。生活のためにはどうしてもお金がないと生きていけないからである。「ほとんど」といったのは、一部には親が莫大な資産を持っていて、それを用いれば子どもは働かなくてもよい、というケースもまれにあるかもしれないからだ。親の遺産だけで食べていける人はほんの少数なので、ほとんどの男性(もちろん女性も)は、働くことが必要なのである。

まず仕事に就いて働くにあたってどういう職業に就くかという問題がある。中年期が本書の中心問題であるところに、若年期における職業選択の話題を取り上げるのは不適格かもしれない。しかし、若年期に選択した仕事を中年にまで引き継いでいるケースが多いので、検討しておきたい。さらに加えれば、職業選択は実は学校で何を学ぶかに依存するところが大きい。例えば医者になろうと思えば大学の医学部への進学が必須である。どういう教育を受けるかが、その人の将来の仕事の種類や働き方を決める要素が強いので、本来ならば教育をどう受けるかから議論せねばならない。教育が職業選択のスタートなのであるが、しかし教育はそれだけで非常に大きな課題なので、その重要性を指摘するだけにとどめたい。

ここではむしろ仕事に就いてからのことを中心に論じてみたい。学校卒業後に企業に就職した若者に関しては「7・5・3」という言葉が流布されたように、中卒の七割、高卒の五割、大卒の三割が就職後の三年以内に離職する時代になっている。働き始めてから何年後かに自己の今就いている仕事が嫌になったとか、今雇用されている企業に不満を抱く人が多くなったのである。学校卒業後三年というのはまだ若年の年齢と考えてよいが、離職や転職がその後も続くと考えれば、ここで仕事や勤労、あるいは経済生活の問題を中年層を念頭におきながら議論しても不自然ではない。従って、ここでは若年・中年の双方を含んだ勤労・生活の問題を論じていると理解してほしい。

まず働く人にとって感じられる第一に生じる心の葛藤は、「なぜ働くのか」という疑問である。経済学は「生きていくためには働かざるをえない」と、経済学の二大学派（マルクス経済学と非マルクス経済学派〔新古典派ないしケインズ経済学〕）は主張する。これをほとんどの人は頭で理解しているので、深く考えもせず働き始めるのである。

しかし働き始めると意外と苦痛の多いことに気付き、いろいろなことが頭を巡るのである。例えば今働いている企業は自分に合わないと思うことがあるし、そもそも働くこと自体の意義に疑問を感じるかもしれない。あるいは就いている職業（会社員、専門職、自営業などそれこそ数多くの無数の職業）や会社でやっている仕事の種類を好まないようになる可能性もある。人によっては会社が利潤獲得のために不正なことや、せこいことをしているのに接して、会社を嫌になることがある。かなり多いケースは、一緒に働いている上司や同僚との人間関係がうまくいかなかった、というものである。

一昔前の日本であればまだほとんどの人が貧乏な時代だったので、ここは我慢して今の与えられた環境で働き続けることが多かった。ところが、ある程度裕福になった日本人が今就いている仕事に疑問を感じるようになったことは、決して悪い傾向だとは思わない。できれば働きがいのある仕事に就き、しかも不満の少ない働き方が現代にふさわしいのである。現に企業側もそれを半分承認していて、新卒の採用時に必要な人材数の何割増しかを余分に採用して、将来に離職する人を見越して新採用数を決定しているほどである。

「働くこと自体への疑問」に関しては、働いて生活の糧を自分で得るのは人間としての条件である、と経済学専攻として最低限は主張したい。当然のことながら、身体的・精神的にハンディがあるとか、どうしても働くことのできない人にはこの原則は適用できず、社会で何らかの支援が必要である。むしろここで述べたいことは、「労働は苦痛である」を筆者自身も認めるので、その苦痛をできるだけ避けるか、それとも小さくできるような仕事なり職場に就くことができるような努力をしたい、と考えることは当然だし必要だということである。

繰り返しになるが、たとえ今の仕事に満足していなくとも、「労働は苦痛であるが、生活のためにはそれを避けられないし、苦痛を和らげる努力をする」のが好ましいと徹することができれば、「何のために働くのか」といった疑問や反省は小さくなるのではないだろうか。これを認めるなら例えば肉体的に苦痛を強いる長時間労働を避けるとか、休養を十分に取って明日の勤労に備えるとか、余暇を楽しんでリフレッシュな気持ちを持てるように図るといった対策が望まれる。

第二の心の不満は、今働いている企業が自分に合わない、というものである。個々の企業は独自の企業文化を持っているし、従業員の働かせ方や処遇のあり方も様々なので、今の企業に合わないと感じるようになることに不自然さはない。少なくとも新卒に関しては学校に在籍しながらの求職活動なので、その企業のことはよくわからず働いてから初めて企業を知るのであるから、自分に合わないと思うことは十分ありうる。そのときは企業社会というのはどういうものかおおよそわかるし、その企業での体験が生かせて自分の求めるのは何であるかもわかってくるので、慎重に次の企業を探してもよい。そして自己にふさわしい企業が見つかれば転職することはあってよい。

若い時代に転職するなら将来のキャリアにとってマイナスにならないし、むしろ自分に合った企業で働くことのできることが、本人にとっては満足度を大いに高めるし、企業側にとってもふさわしい人を採用できたメリットがある。アメリカでは「ジョブ・ホッピング」と称して、若い時代に転職をすることはむしろメリットが大きい、との認識があるほどである。しかし日本では転職を過度にしすぎると、この人は不満の多い人、移り気の強い人などと、ネガティブに評価される恐れがあるので、やや慎重になる方が好ましい。

第三の心の問題に関しては、特に中年層にとって当てはまるのだが、キャリアの途中で自分が企業でどの程度の昇進なり出世をするかが、少し見えてくる年代であるという事実に起因する。企業も従業員を一〇年前後も監視していると、どの人が有能で将来の幹部に昇進させることのできる候補かを認識できている。当然逆の人もいる。いうなれば中年期とは、そろそろ従業員の昇進度で差のつき始める頃なのである。日本企業では「三五歳までに転職せよ」とのことわざがあるように、三五歳あたりが転機でもある。

ここで一大決心をして、この企業では先が望めないと思った人は転職しても良いと思う。将来は幹部になれそうになく従って賃金もそう高くなさそうだがそれでもよい、と判断する人はその企業に居残ることに不都合はない。これはその人の人生観にもよることである。そこそこの賃金・所得のあることが予想できれば、ガムシャラに働くことが求められ責任も大きくなる出世に賭けるよりも、安定した家族との生活や自分の趣味に忠実に生きる生活を選択してもよい。

逆に企業側から有能な人と判断されて、キャリア街道で出世を望めそうに感じる人は、今までのように企業に貢献できたスタンスを続けてもよい。課長級や部長級以上の昇進を巡っては今まで以上に競争が激しくなるであろうから、さらに一生懸命に働いてもよい。取締役や社長といった経営者にまで登りつめればよいが、これは針の穴を通すほど困難なことなので、課長級、あるいは部長級まで昇進すれば十分であるとの認識が必要かもしれない。部長級になることは、激しい競争を勝ち抜いた成功者との認識ができるほどの出世である。取締役以上になるには「運」も作用すると理解すれば、たとえ取締役になれなくとも、あきらめの気持ちを持てて精神衛生上からも正当化できるかもしれない。

第四に、以上は主として企業で働く会社員を念頭においたが、中には今自分のついている職業自体に不満を抱く人もいるかもしれない。例えば、三〇歳にもなって自分は会社員よりも医者になるべきであったとか、教員（研究者も含めて）になるべきであった、サラリーマンを辞めて農業・商業などの自営業者になりたい、自分で事業を起こして企業経営者になりたい、などである。もとより右の例の逆の方向への職業の変換もありうる。言わば職業を変えたいという希望である。

これは収入のある仕事を辞めて、教育や訓練、準備期間など一時は収入のない時期を覚悟せねばならないことがあるので、企業を移ることよりも重大な決意を必要とする。しかも失敗の可能性をも秘めているので、中年期の自殺の要因にもなりかねない。中年期の自殺は、事業の失敗という経済生活ができなくなった時に発生するという事実を思い出してほしい。こうしたリスクのある転職には慎重にならざるをえない。

とはいえ、筆者はこの可能性を追求することに反対はしない。なぜならば一度しかない人生である。自分のやってみたい仕事なり職業に就けるならこんな幸せなことはない。ただし、リスクが高いだけに強烈な覚悟と決心が必要だし、周到な準備策を講じてから実行に移すべきであろう。既婚者なら配偶者の同意が必要である。配偶者の協力がなければ職業の変更は不可能なことなので、絶対に必要である。

以上、中年期（若年期の一部を含めて）において勤労・経済問題に関して心の問題に起因するいくつかのことを述べてみた。ここまでの記述は、発達心理学の学識から大きな刺激を受けたものである。特に岡本（1997, 2008, 2013）からの影響は絶大であった。

心理学者はその学問の性質上、中年期においては自己のアイデンティティに危機感を抱くことを強調し、「自分は何のために生きているのか」といったこれまでの人生の反省を中年の人が抱くことに関心を持っている。実践的な学問の色濃い経済学者としては、ではそれを具体的に述べればどういうことなのか、ということに特化して、中年期の人生において勤労・経済生活を再評価してみた。

家族を持ったときの問題

家族を持つということは、結婚して夫婦になること、そして子どもが生まれれば家族の人数の増加を意味する。そして中年になって実の親か義理の親と同居を始めることがあれば、家族の人数が再び増加する。しかし、同時に自分の子どもが大人になって独立して家を離れることも起きる。このように家族は変容するものである。こう考えてくると、中年期と家族の関係は、切っても切り離せないものだと考えられる。

心理学はこの問題に大きな関心を寄せ、家族の変容が人々に大きな心の問題を発生させると考えた。そこで、結婚したとき、子どもができたとき、離婚したとき、同居のために親を迎え入れたとき、などに生じる心の動向を考えてみたい。結婚と離婚は前の章で詳しく論じたので、これに関しては簡単にすませ、子育てと子離れ、親との同居を主として論じる。

結婚に関しては、これまで別の家族と一緒に暮らしていた男性と女性が、愛情関係で結ばれたとはいえ血のつながりはない他人同士が、初めて一緒に生活を始めることになり、目新しい事態に遭遇することは山ほどあるだろう。「こんな人ではなかった」とか「予想外の言動をする人だ」という発見があるかもしれない。少なくとも結婚の前はお付き合いがあったはずなので、かなりのことは相手に関して知っているだろうが、四六時中同じ家に住むようになれば、また違った新発見は多いものである。

そこで結婚後しばらくしてから相手の言動が許せないと判断して、離婚に至るケースも多くある。新婚から一〜二年で離婚というのが見られるが、心理学者はこの現象をなぜか大きく取り上げない。短期間で人生を変える現象には大きな関心がないかもしれないし、当人同士としても短期間の結婚生活後の離婚なので、大きな傷を負わない可能性がある。むしろ心理学界では若年後期や中年期における子育てや子離れによる心の問題が大きく論じられている。

幼少期の子育てから生じる心の問題

次は子どもを生むこと、育てること、すなわち親になることによる心の問題である。独身のときは心の問題は自己だけのことで占められていたが、子育ては他者との関わりが大きな心理上の課題として登場するのである。特に母親は出産と子育てには父親より大きくコミットするので、母親と父親の間ではかなり赤ちゃんに関しては影響力が異なる。この差については後に述べる。ここでは一般論だけに限定する。

親になることによって、父母はほとんどの場合に子どもの心身にわたる健康な成長を望むのであり、子どもを可愛いと思って愛情を注ぐし、いろいろな多大な苦労をも惜しまない育て方をする。逆に言えば、可愛さのあまり多くのことをやりすぎることもあり、どうしていいのか悩むことが多い。なれていないことを初めてやる（すなわち第一子であれば）ので、経験不足による苦悩の多いことは確実である。一昔前であれば三世代同居によって、実であるか義理の親（特に母親）が大いに助けてくれたメリットはあった。

岡本（2013）は親になることによって、次の四つの特色を持つタイプがあるとした。岡本の記述を基本にして、筆者による多少の追加項目を記述してみた。

（1）未熟型：これは若い夫婦、あるいは第一子の子育てのときに生じると考えてよく、経済的にゆとりがないか、心理的にまだ親になった自覚に乏しいときに起きる。最悪の場合には虐待に走ることもあるので、注意を必要とする。まわりが親としてすべきことを親身になって教える必要がある。

（2）母子（あるいは父子）未分化型：夫婦ともに高学歴の共働きで経済的に困っていないが、多忙なだけに夫婦が子育てにそれほどコミットしていないケースか、配偶者に一方的に子育てを任せたときである。一般的には母親に押し付けることが多い。経済的に恵まれていない夫婦にも起きることがある。両方ともにコミットしないときそれをネグレクト（子育て放棄）と称する。子どもの成長にとって非常に好ましくないし、一方的な配偶者への押し付けは、押し付けられた人の多大なストレスの原因となる。

（3）無関心型：子どもを非意図的に生んでしまったとか、子どもに愛情を持てないといった親に起きる問題である。子育てに無関心だし、責任を持って子育てにあたろうとしないので、それこそ種々の問題を引き起こす。これもネグレクトである。最悪の場合には、虐待がありうるし、食料などを与えないことがあれば、子どもの成長不全ということもありうる。この場合には積極的にまわりが親の子育て責任を教える必要があるし、それに応じないときは社会で育てる方法を採用するのが望ましい。

（4）アイデンティティ葛藤型：これは（2）母子（父子）未分化型に多少似たところがあり、親は経済的には恵まれているし、心理的にも健全に成熟しているケースにも起こりうる。親にとって子育て以上に自分のやりたいことがあり、それに没頭されて子育てに時間と活力を注入しないのである。この場合には食料投入不足などはないので、子どもの身体的発育不全ということは起こらないが、愛情不足によって子どもが心理的な面で偏って成長することがありうる。これには（1）未熟型、（3）無関心型と同様に、まわりが親としての必要義務を教えることと、できるだけの具体的な支援に期待が集まる。

以上、親が子育てのときに経験する様々な心の葛藤を考えたが、子育てには多大の時間と労力を必要とするので、うまく行かなかったときのストレスは大きい。しかし一方で子どもが可愛いことと、とにかく時間と労力を奪われるので、苦痛を感じる余裕などないという側面がある。

少年・青年期の子育てにおける心理問題

以上述べたことは、幼児から小学校卒業までのまだ子どもが自立しておらず、かつ心身ともに成長期にある時期を念頭においたが、やや成長して中学校、高校以上から大学、あるいは就職までの子育ては、また異なった様相が現れる。子どもが自分のことをよく見つめられる年齢になっているし、親などへの反抗を示す子どもがいるので、親の対応にも変化が必要である。

勉強の進め方、どういう学校に進学して何を学ぶのか、卒業後にどういう職に就くのか、といったことを子どもが決めるときに、親は子どもの自主性を最大限尊重しながら、子どもの先生方とともに適切なアドバイスのできる相談相手になってあげたい。こういう役割はあくまでも親が「従」、成長しつつある子どもが「主」であるべきなので、それほど大きな心の問題は親には生じない。

むしろ問題といえば、子どもが拒食症とか、不登校になるとか、いじめに会うとか、暴力的になるとか、学校を卒業しても働かないとか、いわば健全な成長をしないときである。こうした問題への対処で悩む親は少なくないし、親にとっては大変な苦痛である。心理的に大きく悩まされることは間違いない。ここで述べたいくつかの例は、それぞれの専門家が詳しく論じていることでもあるので、対策についてなど詳しくは専門家にお任せすることとしここではこれ以上言及しない。

むしろ心理学の専門家が大きく取り上げる問題として、子どもが成長して就職とか結婚によって家を離れる年齢に達して、親と子が別れ別れになったときに親がどう感じるかである。特にこれまでは子どもが家を離れてしまうと、自分のやるべきことを見失い、茫然となってしまって自分の生きがい、あるいはアイデンティティを失うことによる親の心の問題が大きいとされてきた。具体的にはすべての子どもが自立したときに顕著となる。こういうときでも、特に職業を続けていた女性であれば仕事にアイデンティティを保つことができるので、問題はそう大きくないが、専業主婦として子どもの養育・教育に全力投球してきた女性にこの問題は深刻であろうと容易に想像できる。この問題は、程度はそう大きくないかもしれないが、父親にも発生する心の問題である。

一つのことをやり遂げてから茫然自失に陥り、生活に張り合いを感じなくなって、何のために生きているのかを見い出せず、心理的にはうつの状態になってしまうのである。この問題に対する筆者の思いは、「人間においてもっとも尊い作業の一つを無事に終えたことに誇りを持ってほしい」というものである。人間、動物には子孫の保存と繁栄という本能がある。子どもを一人、あるいは数人を育てたのなら、その本能を見事に成就させたのであり、それは立派な仕事であると自分で自分を誉めてよいほどの価値がある、と主張しておこう。

もし子育て完成をこのように思うことができれば、人生の大きな事業の一つを達成したという誇りと自信を持ってほしい。そしてこれも人間、動物の習性として子どもは独立して離れていくものだ、と自覚する必要がある。これは何人も避けられないことと思えば、子育てを終えたという達成感だけで十分な生きがいを感じられるのではないだろうか。子どもが離れて一時的なさびしさは確かにあるだろうが、達成感に気が付けば、次の人生の歩みに自分が大きく踏み出せると思われる。

心理学からはこの問題に対して、柏木（1995）が興味深い提言をしている。それは子どもという一人ないし複数の人を育てることによって、ケアの大切さを親自らが体験するのであり、その経験が親に対して、人格的な成長をもたらす効果があるというのである。それを具体的に述べれば、柔軟性や自己抑制の尊さ、自己の強さや視野の広さを認識するのに役立つと主張している。すなわち子育てに励んだ親自身が人間的あるいは人格的に大きく成熟するのであり、このメリットの大きいことを評価すれば、親は子育てしたことに感謝の念を持ってもいいのである。子育ては自分を大きく成長させるのに貢献してくれたのである、と自覚すれば、子離れによる生きがいやアイデンティティの喪失という心の問題は、かなりの程度は和らぐのではないだろうか。

看護・介護に生じる心の問題

中年期におけるもう一つの問題は、親（実であるか義理であるかを問わない）の看護、介護である。中年期の最後に起きる心の問題と言ってもよいかもしれない。人間ほとんどの人が五〇～六〇歳になると親世代が病気になったり要介護になるので、その看護と介護にあたる必要が生じる。この問題が中年期の人生にどういう影響があるのか、多くの関心が寄せられてきた。

経済学者の筆者は医療保険や介護保険に焦点を合わせて、保険料負担や保険給付のあり方を論じてきたので、経済学からこの問題を論じることをここではしない。関心のある方は橘木（2019）を参照されたい。ここでは子育てや子離れを論じたときと同様に、心理学、あるいは心の視点から看護、介護のことを考えてみたい。

子どもが老親の看護、介護にあたるのは、愛する人あるいはお世話になった人に、返礼とまでは言わないが尽くしたいという、利他主義の考えから解釈されている。肉親に愛情を感じるのは自然のことなので、子どもが老親の看護・介護にあたるのは当然と考えられてきた。人間以外の動物であればこうした事例はほとんど見られず、老親は誰にも看取られずに静かに死んでいくのであり、人間だけがなぜ老親を看護・介護するのか、生物学や心理学に素人である筆者にとっては不思議な現象であるばかりでなく、研究してみたい課題でもある。これは本書の中心課題から大きくそれるので、ここでは看護・介護の活動、とくに介護が中年の人の心にどのような影響を与えるかを考えてみよう。

これに関しては林（1995）、岡本（1997）が優れた分析を行なっているのでそれに拠ろう。平均寿命の伸びにより、要介護になる親の年齢は六〇歳以上、特に七〇歳代、八〇歳代、時には九〇歳代が多い。そうすると介護にあたる子どもの年齢は四〇歳代から六〇歳代となる。この年齢は自分が身体的な劣化を感じ始める年齢なので、自分自身の老いを急速に意識する年齢でもある。そうすると親の介護をしながら、常に自分の老後を想像し、自分の介護はどういう状況になるのかをいろいろと考えることになる。自分が介護することと自分がいずれ介護されることの二つを同時進行的にとらえながら介護を考えるし、介護にあたるのである。

介護する人にとっての心の問題は、林や岡本が指摘するように、介護をしっかりやろうと思えば、他の活動、例えば働くことや家事・子どもの養育・教育に犠牲の強いられるほどの強迫感に捕われることである、愛情を持つ人、あるいはお世話になった親が身体的・精神的な苦痛の中にいるという要介護の状態なので、それを助けるのは自分の義務と思い込んで、介護にのめり込んでしまうのである。

これを心理学の世界では「封じ込みせき止め（role engulfment）」と呼ぶ。これが深刻になると、先程述べたように中年世代にとって必要な生活、すなわち働くということとか、家事、そして子どもの養育・教育が疎かになることがある。現にこれらの現象は発生していて、親の介護のために職を辞するという事態が見られているのである。

もう一つの事実は、介護の作業はたとえ親とはいえ下の世話まで含めて種々の細々した、慣れなくて心苦しいことをせねばならず、なかなか進んでそれをする気になれないことがある。むしろ介護の作業はそれに慣れた専門家に淡々とあたってもらう方が効率性も高いと判断できる。

そこで筆者は、自分の仕事や家のことが犠牲にならないように、介護の世界は第三者のプロの世界に頼るのが好ましいと判断している。詳しくは橘木（2016, 2019）参照のこと。介護施設に入所するとか、自宅介護であれば専門の介護者に訪問してもらうとか、第三者に頼ることは別に恥じることではない。背後には肉親の介護を他人に任せるのは愛情の欠如と思われかねないという思いもあるだろう。しかし、ビジネスライクに考えることは悪いことではない。ただしそのためには当然費用の必要である。ここからは経済学の役割となるが、医療・介護保険制度に加入しておいて保険料をしっかり払っておくことが必要となる。さらにもし健康状態が良好でない場合であれば付加的な費用の掛かることも多いので、民間の私的医療・介護保険に加入しておくとか、貯金を十分にしておくという対策も望ましいことになる。

男女の差

中年期における心の問題を、人間のライフサイクルの中で発生する様々な事象に応じて論じてみた。そこでは男女差に多少は言及したが深くは論じなかった。ここでそれらをまとめの意味も含めて考えてみよう。

日本の家族のあり方として明治時代以来の「家」制度、あるいは「家父長」制度は、戦後の自由化・民主化の中で民法において廃止された。しかしこの社会的な伝統はそう簡単に消滅せず、現代に至るまでのほぼ七〇年間徐々に消滅の方向にあったが、完全に消滅してはいない。地域差に注目すれば、都会ではかなり消滅し、地方ではまだ残っている。

その代表の一つが性別役割分担意識、すなわち夫は外で働いて稼ぎ、妻は家庭で家事・育児に専念するというものである。この伝統も崩れつつあり、女性の教育水準が高まったこともあって外で働く女性が増加し、今や片働き世帯（すなわち夫だけ働いて妻は専業主婦）の数の方が共働き世帯よりも少なくなっている。すなわち、妻も働いている場合が多いので、従来の性別役割分担意識は弱まってしかるべきなのである。

しかし女性の賃金・所得がまだ低いことと、長い間の社会的規範として続いた性別役割分担意識は完全に消滅せずにまだ残っており、夫は主として働き、妻は働きながらも家事・育児の負担が課せられているのである。その証拠の一つは、妻はパートといった非正規労働で働くケースが多く、労働時間を短くして家事・育児にも励む姿が残っているのである。

そうすると男性の方はどうしても働くことによって、家計収入の大半を稼がねばならないという意識が強く、心の問題も働くこと、あるいは仕事に関することで起因するようになる。そのことから夫、あるいは男性の仕事や経済に関する悩みは他の種類の悩みより大きく、その証拠として失業や事業の失敗、あるいは仕事上の不都合から、自殺者には男性の多いことを指摘した。

一方の妻、あるいは女性はどうかといえば、家のことや子育てのことをかなり任されているので、出産、子育て、子離れといったことに関して生じる心の問題に大きく悩むのが常であった。どういう具体的なことに苦悩していたかは既にこの章でかなり論じてきたので、ここでは再述しない。出産は女性だけのことであるが、子育て、子離れの具体例は男性にも多少は降りかかる心の問題ではあるが、多くは女性に降りかかる問題であった、と付言しておこう。ただし、時代の波は子育てにおいて夫の役割が増加せねばならなくなっているので、これからは男性にも降りかかる課題になるだろうと予想できる。

中年期の後半に降りかかる親の介護について、男女差に関して一言述べておこう。「家」制度の時代においては、夫の両親の介護は妻の役割だったので、女性に看護・介護の苦悩は大きくのしかかっていた。しかしその伝統は三世代の住宅の激減もあって、妻のみならず夫もそれを担当するようになっている。こういう変化の中では、女性のみならず男性も親の介護のことで悩む時代なのである。その証拠の一つとして、息子が親の介護のために仕事を辞めるとか、親の住む地域に移住（転職をも同時にする）するといったことが発生している。

もう一つ男女差に注目すれば、中年末期の女性には更年期障害が発生して、様々な身体的・精神的な変調に苦労する。男性にも少し発生しているが女性ほど深刻ではない。日本女性であれば閉経の前後五年間、合計一〇年間ほどの症状である。肩こり、頭痛、発汗、疲労感などの身体的な疾患、ストレスといった精神的な疾患の二つがある。これは病気の問題なので、治療を必要とするのでこれ以上言及しない。

第5章　未来の高齢者としての中年

高齢者は何の所得で生活しているか

人間が年老いて労働から引退すると、働いて稼ぐ所得がなくなる。そのときの生活資金としてのソースには大別して次の四種がある。もう一度図4－1（一一七頁）を見てほしい。

第一に、年金、医療、介護といった社会保障で代表されるように、主として働いたときと引退してからも拠出する保険料を財源にして受け取る年金、医療、介護といった社会保険給付である。ここで年金に関しては主として現役で働いていたときに保険料を払い、医療、介護の保険料は年金と異なり引退してからも負担はある。詳しくは橘木（2019b）を参照。

第二は、現役で働いていたときに所得の一部を貯蓄する人が多いが、その蓄積した資産の取崩しや、利子・配当といった資産保有からの収益である。

第三は、親から受け取る遺産、親族から受け取る送金や、もし子どもと同居しておれば子どもが負担してくれる経済支援である。これらは他人からの送金とひとまとめに理解しておこう。

第四は、生活保護制度からの支給である。第一から第三の方法による所得保障額が不十分で、自己資金だけで生活できないときは、政府の運営する生活保護制度から支給を受け取ることも可能である。

この四つのソースのうち、もっとも重要なウェイトを占めるのは年金給付であることを次の二つの資料で確認しておこう。まず第一は、高齢者（六〇歳以上）の所得のうち公的年金給付がどれだけの比率を占めているか。表5－1によれば高齢者の平均所得三〇八・一万円のうち公的年金給付額が占める比率は、六五・四％と示されている。つまり、高齢者の総所得のうち半分以上が公的年金給付なので、かなり高い比率と言ってよい。次いで多いのが稼得所得の六四・九万円で二一・一％の比率であるが、これは年金と比率するとその重要性はかなり低い。年を重ねると働けなくなるので、この稼得所得は限りなくゼロに近づくのであり、そのときは高齢者の所得のほとんどが年金給付となる。第三番目は財産所得の七・四％であり、これは既に例示した項目として第二のソース、すなわち資産蓄積の取り崩しと利子・配当に該当する。第四番目は仕送り等であり、既に例示した項目では第三に該当する。

第二の資料は図5－1で示される、公的年金額が高齢者所得に占める比率別のグラフである。これによると、公的年金が一〇〇％（すなわち他の所得がまったくなく、所得のソースは年金だけ）という人々は実に五四・二％ほどを示している。すなわち、高齢者の半数強が年金だけの暮らしなのである。さらに年金が八〇～九九％を占めるのが一二・〇％、六〇～七九％が一一・四％となっており、高齢者の総所得のうち年金が六〇％以上のソースとなっている高齢者は実に八〇％前後の比率に達しているのである。逆に年金給付がそのソースとして二〇％以下の高齢者の比率は三・五％にすぎない。こういう人には次の二種類の人がいる。第一は、財産所得をはじめ他の所得が

表5－1　高齢者世帯の所得の種類別1世帯当たり平均所得金額及び構成割合（平成27）

世帯の種類	総所得	稼働所得	（再掲）雇用者所得	公的年金・恩給	財産所得	年金以外の社会保障給付金	（再掲）児童手当等	仕送り・企業年金・個人年金・その他の所得
	1世帯当たりの平均所得金額（単位：万円）							
	308.1	64.9	49.1	201.5	22.8	1.9	0.0	16.9
	1世帯当たりの平均所得金額の構成割合（単位：%）							
	100.0	21.1	15.9	65.4	7.4	0.6	0.0	5.5

出所：厚生労働省『国民生活基礎調査』

図5－1　公的年金・恩給を受給している高齢者世帯における公的年金・恩給の総所得に占める割合別世帯数の構成割合

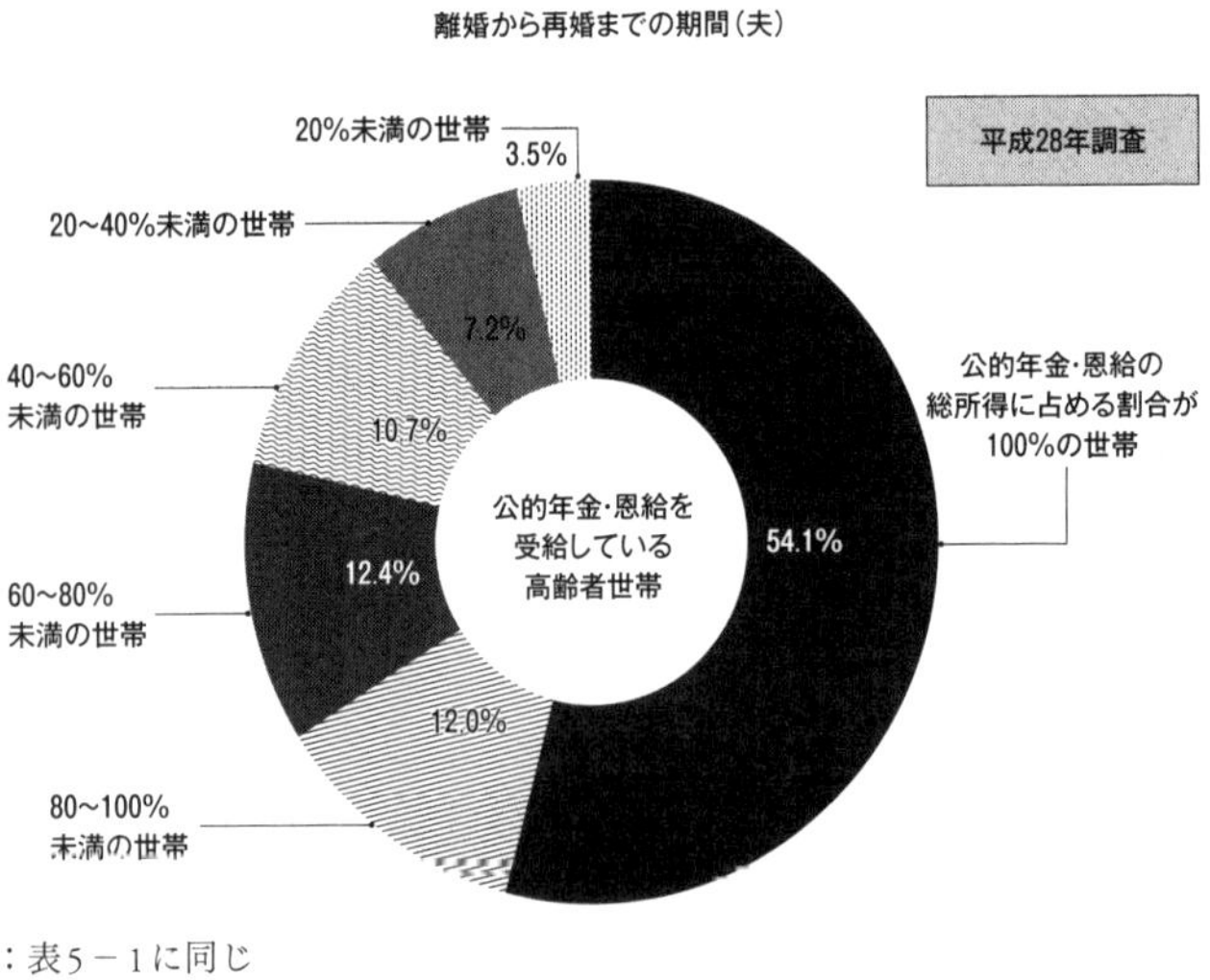

出所：表5－1に同じ

高額なので、年金額のウェイトが小さくなるケースで、裕福な高齢者に多い。第二は、現役のときに保険料拠出が少なかったので、年金給付額も低くなるケースである。こういう人は一般に低所得の高齢者に多く、後ほど詳しく論じるケースである。

以上二つの資料から得られる結論として、高齢者の所得ソースを考えたとき、公的年金給付は他を圧倒して大きな比重を占めており、高齢者にとって年金制度は生活にとって絶対に必要なものなのである。しかも年金が一〇〇％のウェイト（すなわち年金だけしか所得がない）という高齢者も半数強いるので、年金が高齢者の生活の支えになっていることの象徴とすらなっている。繰り返すが、高齢者は年金がないと食べていけないのである。

日本が皆保険の国というのは虚構

高齢者は現役で働いているときに稼いだ賃金・所得の一部を年金保険料として拠出したものを財源として、引退後の年金給付で生活していることを知った。働いている人の全員が年金、医療、介護、失業などの社会保険制度に加入しているのを「皆保険の国」と称する。日本は国民全員がこれら社会保険制度に加入しているので、「皆保険の国」と信じられてきたし、政府もそれを誇りにしてきたが、実際はそうではないということをこれから明らかにする。

なぜ中年に関する書物でこのことを論じるかといえば、これまでの章で論じてきたように、現代の中年層は失業している人、特にパートなどの非正規で働いている人が多く、社会保険制度に加入したくとも加入できない人が相当数いるのであり、こういう人は皆保険の枠外にいることを明らかにすることは重要だと考えるからである。さらに、正規労働者であっても賃金の低下があって、十分に保険料の払えない人もいる。主たる関心は引退後の年金所得に貢献する年金制度であるが、所得を支持する医療、介護の両制度についても言及する。

日本の公的年金制度には大別して次の三つがある。(1)国民年金制度、(2)厚生年金制度、(3)公務員共済制度、である。(2)と(3)は合併の過程にあるので、ここでは民間企業に勤める人が加入する(2)厚生年金制度で代表させる。(1)国民年金制度は自営業者、無業者が加入するものであるが、厚生年金制度の一階部分(基礎年金制度と称される)を同時に兼ねている。国民年金は保険料も給付額も定額である。厚生年金には二階部分があって、これは報酬比例部分となっており、保険料は賃金額に応じて決められるし、保険料を多く拠出した人には、それに応じて高い年金給付額がなされる。

厚生年金制度には企業で働いているすべての労働者が加入しているのが建前であるが、現実は必ずしもそうでない。法律は法人事業所と従業員五人以上の個人事業主に加入義務を課しているが、実際には加入していない事業主が存在しているのである。加入逃れは厚生労働省によると二〇一六(平成二八)年で七九万社あるとされている。

ここで述べたことは、厚生年金の事務代行作業を行っている企業、すなわち従業員から保険料を徴収して、さらに保険料の事業主負担分を加えて、それらを国家に収める仕事をしている企業が、義務通りにそれを行わないという非加入ないし未加入企業を意味している。中には加入はしているが、資金不足で実際に保険料を拠出していないケースもある。なぜこういう未加入企業が存在するかといえば、保険料の事業主負担分の支払いを避けたいという思いがあるからである。労働費用の節約を図りたいのであり、特に不況のときには保険料拠出をしないという動機の強いことは容易に理解できよう。さらに、極小企業を中心にして事務作業のわずらわしさを避けたい企業もある。

約二〇年前で少し古いが、荻野（2004）によると二〇〇二（平成一四）年には企業の一八％が未加入と報告されていたが、さすが現代では当局の監視の目があるので一〇％台の前半にまで低下しているとされる。しかし既に述べたように七九万社との報告もあるので、まだかなりの数が未加入である。つまり、かなりの数の労働者が厚生年金制度から排除されているのである。

もう一つ公的年金を含んだ社会保険に加入しない理由として、企業は社会保険制度に加入してはいるが、そこの企業で働いている労働者のうち、労働時間の短い人は加入できないという規定のあることを強調しておこう。法律によると、加入はフルタイム労働者が原則である。しかし従業員数が五〇一人以上の企業であれば週労働時間が二〇時間以上の労働者（パート労働を含む）は社会保険加入の義務があるが、二〇時間未満の労働者は加入が排除されているのである。ただし、従業員数五〇〇人以下の企業であっても、労使の合意があって従業員の半数以上の同意の下で、二〇時間未満の労働の人（パート労働を含む）も加入が可能と二〇二〇（令和二）年の法改正がなされた。

ついでながら、この法改正は次の事項を含んでいる。年金支給開始年齢は六五歳が原則であるが、選択の幅を六〇〜七〇歳から六〇〜七五歳に広げた。さらに在職老齢年金の六〇歳代前半の減額基準を、月二八万円以上から四七万円以上に引き上げた。

つまり週労働時間が二〇時間未満の人は、原則として社会保険制度に加入できないのである。これは実は以前では資格のない人はフルタイム労働者の労働時間の四分の三未満だったところを、最近になって二〇時間未満に緩和した結果によるもので、パートタイム労働者もできるだけ社会保険制度に加入するのが好ましいという政策配慮がなされた数字である。なお令和元年の法改正によって、五一人以上の企業のパートタイム労働者も、令和六年までには加入できるようになった。

そうするとパート労働などの非正規労働者の週あたり労働時間の分布に関心が移る。どの程度の割合で週二〇時間未満のパート労働者がいるのだろうか。それを示したのが図5－2である。これは一週間あたり就業時間別の労働者数を示したものである。少し古く二〇〇九（平成二一）年のものであるが、その後非正規労働者の数は減ることはなくむしろ増加傾向なので、この図は現代でも通用すると考えてよい。

この図によると、週労働時間が一〜四時間が二七万人（〇・五％）、五〜九時間が一一〇万人（二・一％）一〇〜一四時間が一三八万人（二・六％）、一五〜二九時間が七二〇万人（一三・五％）となっている。一五～二九時間の人のうち、正確に週二〇時間未満のパート労働者が何名いて何％になるかを算出できないが、一五～二九時間のうちおよそ三分の一の四・五％が一五～一九時間とみなせれば、二〇時間未満の労働者はおよそ九・七％となる。全労働者のうち九・七％ほどが週労働時間が二〇時間未満のパート労働者とみなせることになる。パート労働者（週三五時間未満の労働時間で合計が一四三一万人いる）のうち、およそ五一五万人（パート労働者のうちのおよそ三六％）が社会保険に加入できないのである。これは先程述べた意図的に社会保険に加入しない企業が約七九万社で、そこで働いている人と、ここで述べた五一五万人を加えると、一〇〇〇万人台を超す労働者の存在していることを示唆している。もとよりダブルカウントもあるので、正確な数の算出は困難である。

図５－２　１週間あたりの就業時間別労働者数

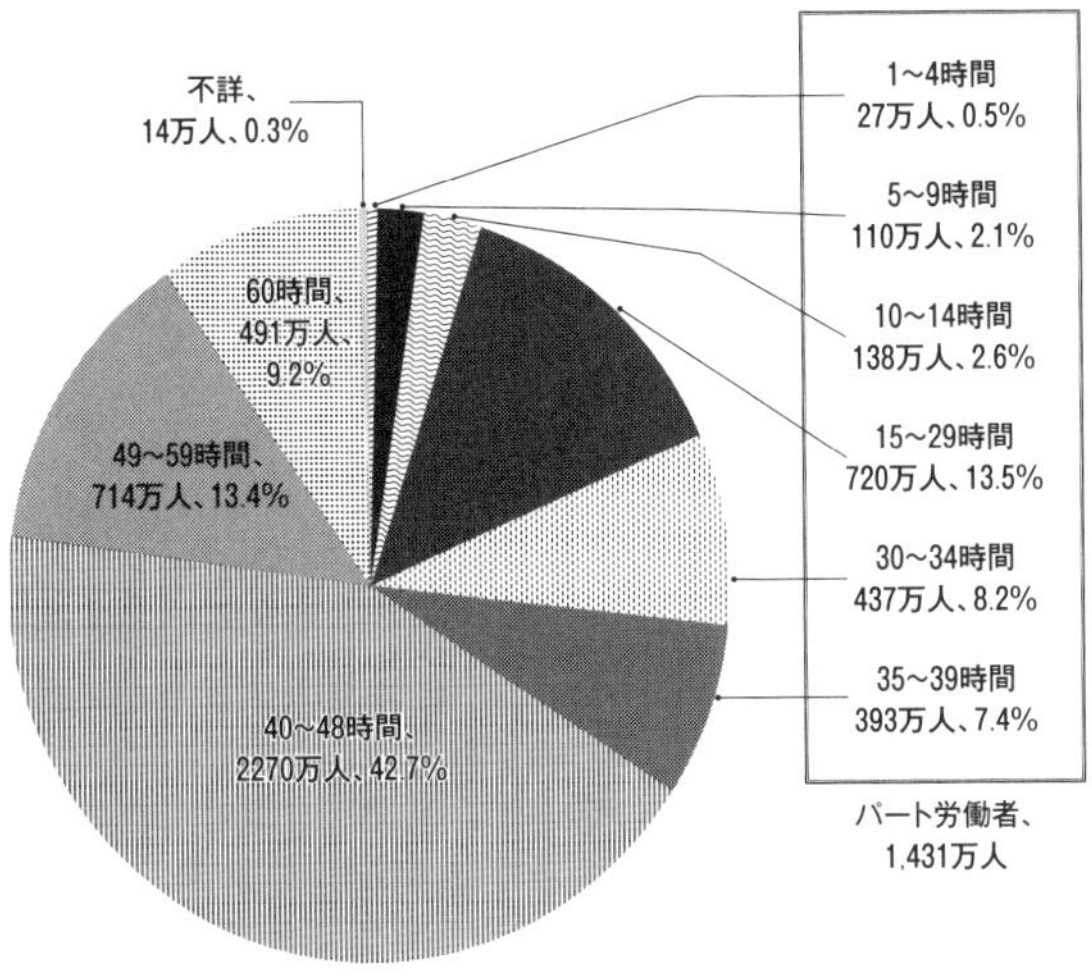

資料出所：労働力調査（平成21年）（総務省）

　ここで述べた厚生年金などの社会保険に加入していない企業で働いている人、そして企業は加入しているが労働時間が週二〇時間未満で加入できない人の全員が、社会保険から排除されているのではない。年金であれば次に説明する国民年金制度に加入する道は開かれているので、それに個人の意思で加入していれば問題の深刻さは和らぐのである。

ところがである。国民年金制度の加入・納付状況に関しては特に保険料の納付率に問題のあることは、よく指摘されてきたことである。国民年金制度には三つの制度があって、ここでは第一号被保険者（自営業や無業の人）での話題であり、第二号被保険者（被雇用者）と第三号被保険者（第二号の人で働かない配偶者）には関心は寄せない。

厚生労働省の年金局によると二〇一五（平成二七）年において、現年度分の納付月数で評価すると六三・四％の納付率だったので、三六・六％の未納率である。最終納付率で評価するとほぼ一〇％ポイントの上昇が見込まれるので未納率はほぼ二六％前後であろう。以前はこの未納率がとても高かったが徐々に減少したので、好ましい傾向を示していた。しかしおよそ四分の一の人が未納者というのは、無視できない割合である。

制度における第一号被保険者では本書の関心である中年世代を調べるために、年齢別の納付率に注目してみよう。それが図5－3である。これは第一号被保険者（自営業者、学生、無業者が中心）に関するものである。この図によると、若年である二五～二九歳が五三・五％と低く、三〇歳代から年を重ねるにつれて徐々に納付率が上昇している（すなわち未納率は低下）。その後、納付率は四〇歳代で少し低下するが、その後は上昇を続けて中年後期の五五～五九歳では納付率は

図5－3　年齢階級別納付率（現年度分）

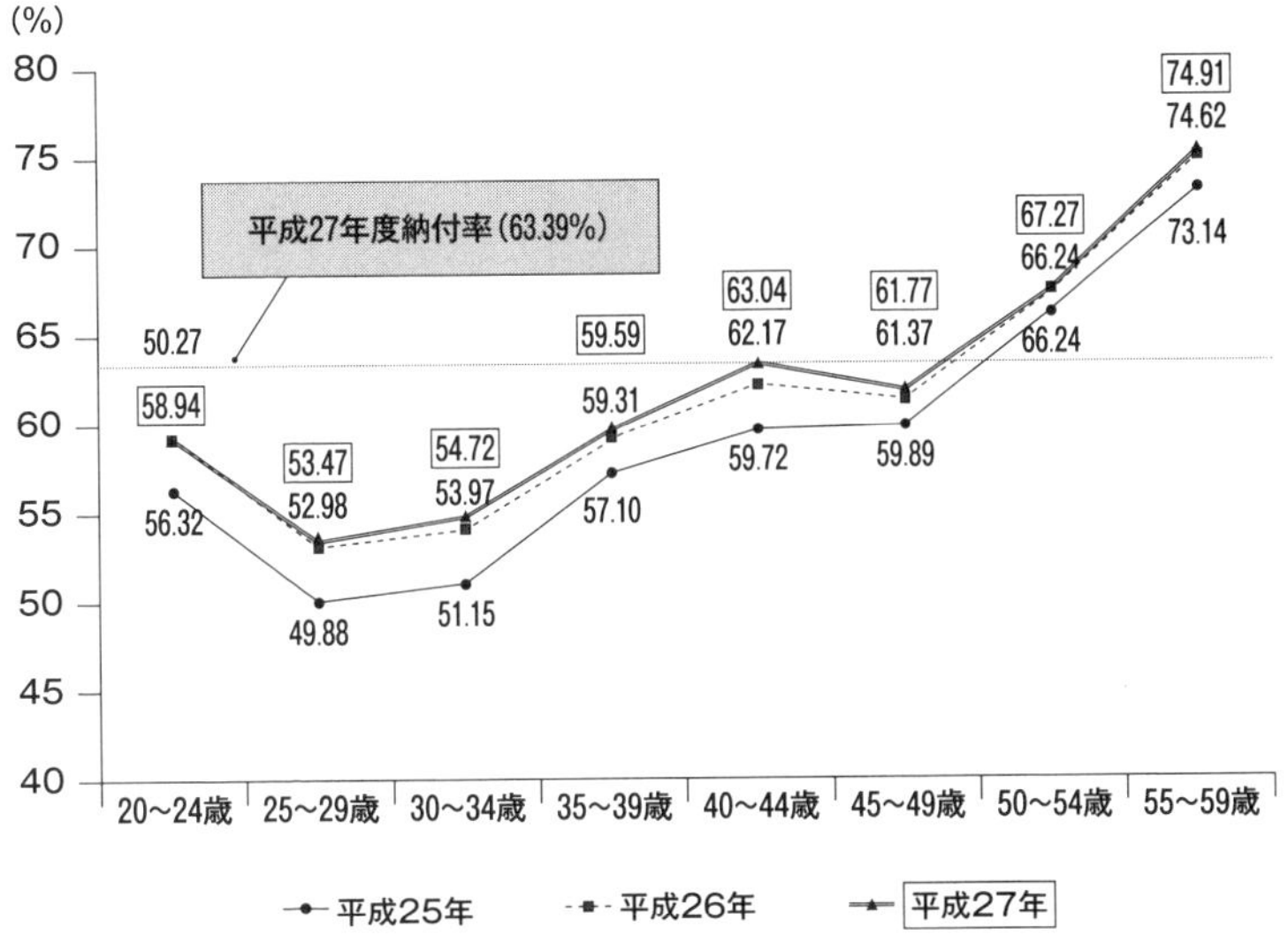

出所：厚生労働省『国民年金の加入・保険料納付状況』

七四・九％（従って未納率は二五・一％）にまで上昇しているので好ましいことである。高齢世代になることを間近に控えて、老後所得の心配をする年齢でもあるので納付に励むのであろう。

むしろ気になるのは、中年世代（特に三〇歳代と四〇歳代）の未納率四〇％前後の高さである。厚生年金制度に加入していない人なら国民年金制度には加入して、しっかり保険料を納付しておいて老後の所得を確保しておきたいのであるが、かなりの人が納付していないのである。所得が低い人とか、それのない人が多いので、生活が苦しくて保険料を納付できないのであろう。高齢者になる間際に保険料を払い始めても、納入期間が短いので、年金給付の額が低く抑えられることを覚悟せねばならない。

第一号被保険者の場合には無業の人の他に自営業者が圧倒的に多いので、老後は年金に頼らずに自分の蓄積した貯金で十分に暮らしていける人もいる。しかし、自営業者（特に農業や小商店など）の所得は変動があるし、平均して所得は高額でないので、貯蓄額は一部を除いてそう多額ではなく、そういう人が高齢者になったときの生活は楽ではない。若年・中年のときにできるだけ貯蓄に励んで老後に備えるか、できるだけ国民年金の保険料を払い続けて、老後の年金給付を確実にしたい。

医療・介護も皆保険ではない

年金については皆保険の国ではないことが分かったが、次の関心は医療保険と介護保険である。中年世代に特化すれば、要介護になる人はごく稀だと考えられるので、医療に中心をおき、介護について論じるのは最小限に抑える。

ここでの最大の関心は国民がどれほど公的医療保険制度に加入しているか、そしてどれほどの人が保険料を納付しているかである。たとえ加入していたとしても、保険料を納めていなければ、病気になっても病院での治療費を保険制度が負担してくれず、一〇〇％の自己負担になるので、未納者がどれだけいるかが重要である。現に鈴木（2008）では資格はあっても未納者の受診率は、一般保険者の三二分の一から一一三分の一という極端に低いものとなっており、保険料未納者はまず病院に行かないと判断してよい。そこで保険料を滞納している人の推移を見ておこう。日本では医療保険制度はほぼ全員が名目上は加入していることになっており、むしろ問題は保険料を支払っていないことから発生するところの、権限行使のできない人（すなわち医療費を全額負担せざるをえない人）の存在にある。

その前に高齢者はどのような公的医療保険に加入しているのであろうか。表5－2は健康保険制度ごとに年齢別の加入比率を示したものである。国保（国民健康保険制度）は主として自営業者と無業者が加入する制度であり、「その他」を構成するのは協会けんぽ（主として中小企業）、組合健保（主として上場企業を中心とした大企業）、公務員共済の三制度は雇用主がいて保険料負担が加入者と雇用主との折半である。国民健保は雇用主がいないので、保険料負担は全額が加入者であるが、この制度には税収入を基にした補助金が相当投入されているので、国保にはない雇用主負担分をある程度税収が代替しているとの解釈が可能である。

国保に注目すると、一五年以上前においては一五～五九歳という働く世代と六〇歳以上の比率がそれぞれ四五％前後で拮抗していたが、六〇歳以上に関しては「その他」の制度よりも国保の比率の方がはるかに高いので、高齢者の加入するのは大半の人が国保であると結論づけてよい。ただし二〇〇九（平成二一）年では六〇～六九歳の人において二〇〇二年とほぼ変化はなかったが、七〇歳以上では「その他」が一六・四％もいて国保の一三・七％より高くなっている。これはこの間に制度の改革があって、七五歳以上には新しく「後期高齢者医療制度」が創設され、その制度にいる人が、「その他」に入っているからである。

表5－2によると、若年世代と中年世代（一五歳～五九歳）においては国民健康保険制度がかなり重要なウェイトを示していることを知っておこう。二〇〇九（平成二一）年において、もっとも加入者の多いのは雇用者用の組合健保、協会けんぽ、公務員共済の六〇％強であるが、国保も四八・二％の比率であり、「その他」に次いで重要である。もとより高齢者（六〇歳以上）に関しては、国保の比率が「その他」の比率より高くなっているが、これは被雇用者が引退した後は、組合健保や協会けんぽから、国保に鞍替えしたことによる効果である。

この表は一五～五九歳という若年層と中年層の合計なので、中年層独自の統計ではないが、この年代の主たる人物は中年層と考えてよく、この表によって中年世代においては国民健保がかなり重要な医療保険制度になっているとみなしてよい。中年世代は被雇用者がかなり多いし、無業者も無視できないほど多い。その無業者の代表の一つは専業主婦であるが、大がなんらかの医療保険に加入しておれば、専業主婦と子どもは被扶養家族として加入していることになるので、問題はそれほどない。ここで問題になるのは自営業者と失業している無業者である。

ここで保険料を払っていない人が、どれほど日本にいるかを確認しておこう。制度が乱立しているのが日本の健康保険制度であるが、ここでは国保でどれほどの保険料の滞納者がいるかを示してみたい。二〇一一（平成二三）年前後では実に二〇％前後の滞納者がいたが、ここ最近ではそれが少し減少して一五％程度にまで低下している。とはいえ、一〇〇名のうち一五名が保険料

表5－2　健康保険制度における年齢階級別人口構成割合（%）

		0～14歳	15～59歳	60～69歳	70歳以上	計
2002（平成14）年	国保被保険者	9.0	44.6	21.2	25.3	100.0
	その他	17.8	72.0	5.9	4.0	100.0
	総人口	14.2	60.9	12.1	12.8	100.0
2009（平成21）年	国保被保険者	9.5	48.2	28.5	13.7	100.0
	その他	15.4	61.3	6.9	16.4	100.0
	総人口	13.3	56.5	14.0	16.2	100.0

「国保被保険者」とは市町村国保と国保組合の計である。
「その他」とは協会けんぽ、組合健保、共済組合、船員保険の計である。
出所：厚生労働省「国民健保実態調査報告書」など

表5－3　国民健康保険料（税）の収納率（2011年度分　市町村国保）

〈世帯の所得階級別、生体主の年齢階級別〉　（%）

所得階級	年齢階級						
	合計	25歳未満	25～34歳	35～44歳	45～54歳	55～64歳	65～74歳
合計	90.3	59.1	72.7	79.9	82.3	90.1	96.9
所得なし	84.6	61.5	64.7	72.4	77.2	88.3	94.5
～30万円未満	85.7	46.7	71.5	77.2	78.1	85.4	93.9
30万円以上～50万円未満	87.5	61.6	68.4	77.9	81.1	90.0	93.5
50万円以上～100万円未満	89.8	62.2	66.0	75.0	79.4	89.7	95.8
100万円以上～200万円未満	90.7	57.4	72.6	74.0	78.3	88.3	97.2
200万円以上～300万円未満	90.6	78.6	77.5	81.5	78.8	89.6	97.2
300万円以上～500万円未満	93.3	89.5	89.0	85.0	86.9	93.5	97.8
500万円以上	97.1	—	92.9	95.6	94.9	97.2	98.7
所得不詳	70.2	44.8	50.7	63.3	65.6	71.1	89.8

（注）
1. 本表は平成24年9月末現在の国保世帯における平成23年度保険料収納を集計したものである。
2. 世帯主の年齢は平成24年9月30日現在、世帯の所得は平成23年のもの。
3. 本表は擬制世帯を除いて集計している
4. 本表は被調査世帯のうち、前年度1年間継続して当該保険者の世帯であった世帯について集計しているため、国民健康保険事業年報における収納率の算出方法とは異なっている。
出所：厚生労働省『国民健康保険実態調査』

を払っていないのが国保であり、無視できないほどの人数である。とても「皆保険の国」とは言えないほどの無保険者の多さである。先に見たようにこれらの人は医療機関を受診することをためらうことがありうる。ちなみにアメリカでは無保険者の割合は一五％とされているので、日本の国民健康保険の無保険者と同じ比率である。アメリカは無保険者の多い国として有名であるが、日本も国保に限定すれば実態はそれに近いのである。

図5−4にある短期被保険者証交付世帯とは、一年未満の保険料の滞納が続くと、加入者には「短期被保険者証」が配布され、有効期限が三〜六か月と短くなり、更新手続きが必要となる。「資格証明書交付」とは滞納が一年以上になると交付され、ただ資格のあることを意味するだけで、こういう人は全額の医療費を窓口で払わねばならない。これら二つに該当する人々は通常の保険制度の枠外にいて、自己負担額の増加を強いられる人々となる。

次は、世帯の所得額がどのような効果を持っているかを知るために、年齢別と所得階級別に国保の滞納率を見てみよう。表5−3はそれを示したものである。この表は収納率を示したものなので、一から収納率を引いたものが滞納率となる。ここで明らかなことは、所得階級が上がると滞納率は低下し、年齢を重ねると滞納率の低下がある。これを逆の目線で見ると、滞納率の高い人は所得の低い人（所得が年額で三〇万円未満の人は一五％前後に達している）と、若年層（年齢二五歳未満では四〇％前後に達している）ということになる。

若年層に滞納率の高い理由は二つある。第一に、若年層には失業者や非正規雇用労働者がかな

図5－4　保険料（税）の滞納世帯数等の推移

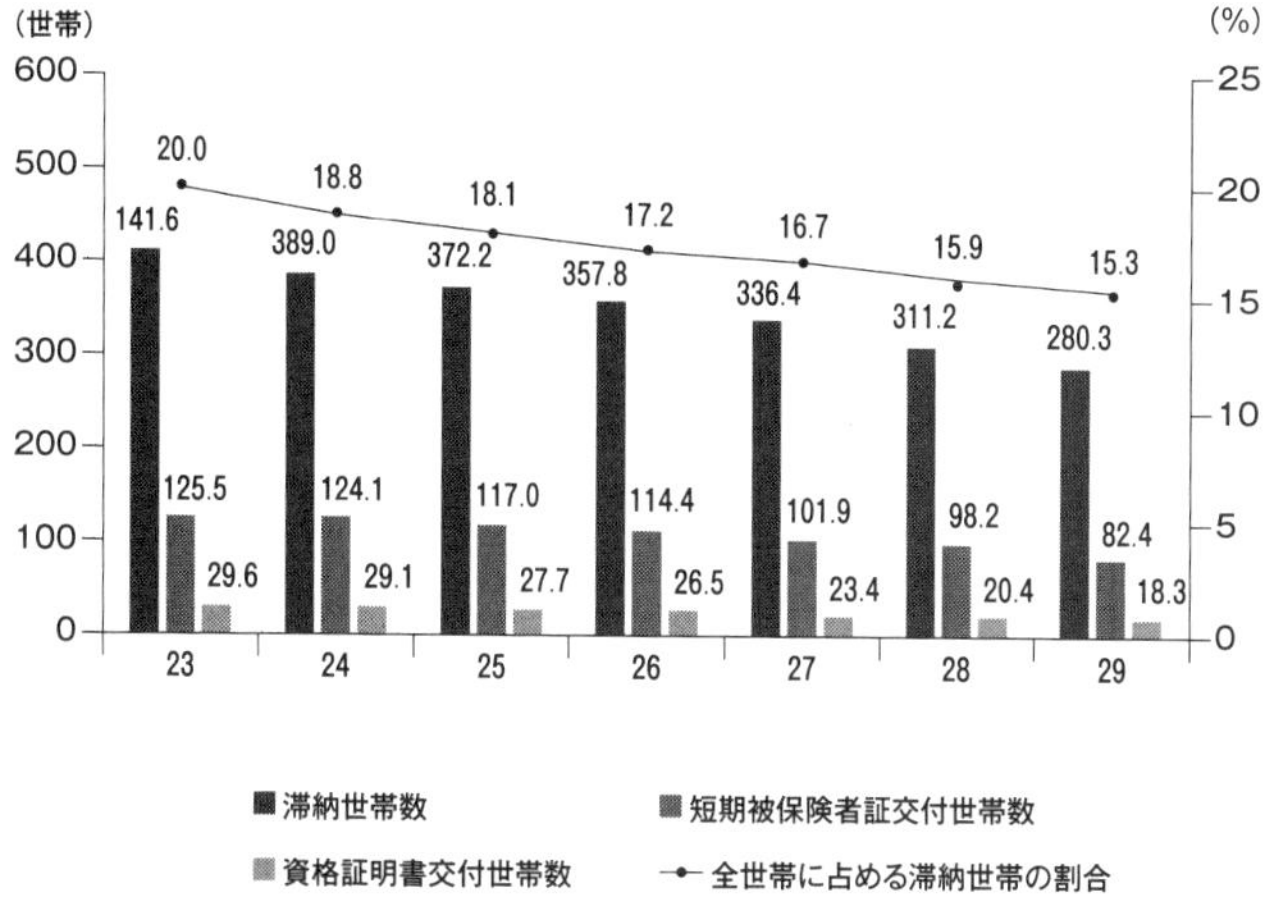

注1）各年6月1日現在の状況。
注2）平成29年は速報値である。
出所：保険局国民健康保険課調べ

りいるので、所得がないかそれとも低いために保険料を払える経済的な余裕がないことがある。第二に、若い人は病気になる確率がかなり低いので、健康保険制度への関心が低く、意図的に保険料を払わない人がいることがあげられる。この第二の点は、九〇％をかなり上回っている六五歳から七四歳までの高齢者の高い収納率と対極にあることでわかる。高齢者は病気になる確率が高いと自覚しているので、多少の無理をしてでも保険料を払って病気に備えているのである。

二五歳未満の若年層のみならず、二五歳から三四歳と三五歳から四四歳までの若年・中年層も低所得者を中心にして、二〇％から三〇％の滞納者がいることが気になる点である。特に低所得者の中年層に滞納者が多い。確かに高齢者と比較すれば若年・中年層は病気になる確率はそれほど高くないが、もし病気になったときに保険料が未納であれば、病院に行くことをためらう可能性が高い。多分これらの年齢層の人の病気はそれほど重くないことが多いが、万が一重い病気であるにもかかわらず受診を避けて早期発見の遅れることがあれば、重大なこと（すなわち死亡）が発生するかもしれない。

「日本は世界に誇れる皆保険の国である」と国民はそう信じてきたし、政府もそれを宣伝してきた。実態は国保の未納率で見る限りアメリカ並みの無保険者の数の多さとなっており、かなりの数の無保険者のいる国である。こうした無保険者の多さは日本の健康格差を象徴する一つの顔になりつつある。

ここでは自営業者と無業の人を中心にして国民健康保険を論じてきたが、被雇用者における医療保険についても言及する必要がある。被雇用者用の厚生年金保険を論じたときに、一部の企業が社会保険制度に加入していない事情と、週二〇時間労働に満たないパートタイム労働者は社会保険制度に加入できない事情をかなり詳しく論じた。社会保険制度とは、年金、医療、介護、失業といった諸制度全般を含むものなので、社会保険制度から排除されている人は、既に述べた年金のみならず、医療、介護、失業といった制度からもほぼ外れているとみなしてよい。医療制度に注目すれば、社会保険に加入していない人は、医療に関して無保険者といっても過言ではない。とはいえ、無保険者の全員がまったく医療保険制度から排除されているのではない。ここでの無保険者は世帯主を念頭においているのであり、世帯での被扶養家族まで無保険者とみなせない。例えば、週二〇時間に満たないパート労働者は社会保険から排除されているが、その人が例えば既婚女性のパート労働者で、夫が社会保険に加入していてその被扶養家族になっていれば、医療保険制度には加入しているとみなしてよい。パートの妻が病気になったとしても、医療保険からの給付はなされるのである。ここに年金制度と医療保険制度の違いのあることを理解してほしい。従って、無年金の人より無医療給付の人の数はかなり少ないので、事の深刻さは医療保険の方が低い。

では介護保険はどうだろうか。中年世代の人は介護保険料を払うだけで、介護給付を受けるのは高齢になってからがほとんどである。ここでは高齢になってからの要介護の認定や給付に関する問題を論ぜず、中年に特有の保険料支払いだけを論じる。介護給付に関することは、橘木(2016)に詳しいので興味のある方は参照されたい。

介護保険制度に加入するのは四〇歳以上の人であり、年齢によって六五歳以上を第一号被保険者、六五歳未満の人を第二号被保険者と区別している。保険料支払い額は両者で異なり、第一号者が月額五五一四円、第二号者が五四三二円である。介護保険制度の初年度二〇〇〇(平成一二)年度ではそれぞれが二九一一円、二〇七五円だったので、保険料はここ二〇年弱で二倍前後も上昇している。特に第二号者の増加率が第一号のそれよりも大きい。これら急激な保険料の上昇は、超高齢化時代に入って、給付総額の伸びがすごく高く、総保険料収入の伸びが低かったからである。

介護保険制度の特色をいくつか述べておこう。第一に、一人あたりの給付額が一人あたりの保険料よりもはるかに高い（およそ四〜五倍）ことにある。これは保険原理（すなわち保険料拠出者の数が保険受給者の数よりもはるかに多い）というのが、要因の一つとなっているからによる。もう一つの要因は、総介護給付額の半分を一般税収で充当しているので、必要保険料は税収投入を考慮すればこれより低くてよいことになる。

第二に、他の社会保険制度と異なり、保険料は定額で徴収される点にある。医療保険制度においては比例保険料率であるが、介護の場合には月額いくらという定額なので、賃金・所得の高い人ほど高い保険料を払うというのではない。いわばすべての人が所得の高低の差はなく一定額を拠出するという方式である。従って給付額も定額である。とはいえ要介護度の深刻差の程度に応じて、定額ながら差は付けられている。定額保険料は金持ち優遇の感がしないわけではないが、逆にすべての人を定額で扱うのが平等により忠実であるとの思想に重きをおいているとも解せる。

第三に、介護保険制度に加入する年齢を四〇歳以上に設定しているのであるが、これを若い頃の労働からの開始年齢にまで引き下げる策が考えられる。なぜ四〇歳に定めたかといえば、日本で介護保険制度を導入しようとした一九九〇年代では、年齢の若い人は関心を持ってくれないだろうという危惧を、政策担当は抱いたからである。自分が六〇歳代や七〇歳代になってから要介護になるのであり、二〇歳代だとはるかに先のことなので無関心の可能性が高く、保険料を払ってくれない可能性がある、と予測したのである。四〇歳にもなればそろそろ老後を意識する年代なので、消極的かもしれないが制度に加入して、保険料を負担してくれるのではないか、と関係者は予想したのではないだろうか。

日本の介護保険制度もまもなく二〇年を経過しようとしている。そろそろ国民の間で定着意識も芽生えてきた。さらに少子・高齢化の進展によって、介護保険の財政状況は将来において悪化が進みそうである。毎年毎年保険料を上げる政策を採用して悪化をなんとか和らげてきた。しかしこれ以上四〇歳以上の人だけに毎月の負担を強いるのにも限界があると思われる。

四〇歳未満の人にも保険料負担をお願いしてもよいように思われる時期になっている。既に間接的に述べたことであるが、年金や医療と同様に、学校を卒業して働き始める年齢からの加入、保険料支払い開始を検討してもよいと思うがいかがであろうか。もとより学校卒業後の十何年かはまだ賃金・所得も高くなく、四〇歳以上の人に課している六〇〇〇円弱の負担はきついので、ここは現在の定額の半額程度、すなわち三〇〇〇円程度に抑制する案が望ましい。

失業保険制度も同じ問題を抱えている

働いている中年世代にとってもっとも重要な社会保険制度は失業保険（日本では雇用保険制度と称されている）である。企業倒産に遭遇したときや、不幸にして解雇されたとき、あるいは希望退職に応じて企業を離れたとき、自己都合で離職したり転職するときには失業保険制度に加入しておれば、いくらかの給付を受けることのできる制度である。失業するということは、理由はどこにあるにせよ賃金収入がゼロになるので、たちまち生活に困るのであり、先進国のどこでも失業保険制度は準備されている。なお世界のほとんどの国では雇用保険と呼ばれず、失業保険と呼ばれているし、失業したときの保険なので本書でも失業保険の呼称を踏襲する。

実はこの失業保険制度の加入についても、他の保険制度と同様に制度に加入しない企業が存在し、また企業が加入していたとしても労働時間や労働日数による制限が労働者には課せられている。社会保険に加入しない企業については厚生年金制度のところで既に論じたので、ここでは労働者側で失業保険に加入できない人に注目する。

失業保険に加入できない人は以下、二種類である。（1）週労働時間が二〇時間未満の人、（2）雇用期間が一年未満の見込みの人、これらの人が制度から排除されていることで代表される。（2）に関しては、短期雇用特例というのがあって一部には一年以内の雇用であっても、加入資格を与えている場合はあるが、詳しいことはここでは述べない。

この二つの資格要件はかなり厳しく、日本の全労働者の四〇％前後あたりしか失業保険に加入していないとされている。もとより農業や商業に従事する自営業者、あるいは従業員五人未満の家内工業で働く人には制度すら存在していないので、収入がなくなったりしたらたちまち生活に困ることになる。橘木（2001）によると、失業者が何を財源に生活しているかを調べると、約半数の人しか失業保険給付で生活しておらず、他の半数の人は貯蓄の取り崩しや家族からの支援で生活費を調達していた。この研究は少し古いので現代の統計で検証せねばならないが、それ以降も失業保険制度の抜本的な変更はないので、少しは良くなっているだろうが、約半数しか失業給付の恩恵を受けていないというのは、現代でも概ね当てはまると想像できる。

ただし当時から今までに、少なくとも二つの点で制度の大きな改正があったことは指摘しておかねばならない。第一は、従来は失業保険制度には、年収が九〇万円以上ないと加入できなかったが、その壁は撤廃されて、それ以下の人も加入できるようになった。好ましい改正であった。

第二は、失業者になったときの理由の違いによって、失業給付の条件に差をつけたのである。給付条件とは、(1)給付の期間、(2)給付金の額、の二つである。労働者が失業する要因としては、(i)企業倒産や解雇といったように企業主導による理由と、(ii)労働者自身の意図による転職とか離職いわば労働者主導の要因である。

(i)の場合には労働者の意図ではなく、企業の主導なので労働者に責任がないのであり、給付の条件を良くしたのである。一方で(ii)の場合には労働者の意図によるので、半分は労働者の責任に帰せるとみなし、給付の条件を(i)より少し悪くしたのである。アメリカの失業保険制度というのは、労働者が意図的に失業したときの給付はなく、企業の倒産や解雇、あるいはレイオフ(一時帰休)という企業主導による失業のときだけ給付がなされている。当然のことながらアメリカの失業保険では企業だけが保険料を拠出して、労働者は拠出していないのであり、日本も企業主導の失業には給付条件を優遇したことは、このアメリカの精神にほんの少しだけ近付いた、と解釈しておこう。

ここで現代における失業保険の給付条件を簡単に見ておこう。表5－4は失業給付条件を何日間受けられるかを、年齢と保険加入期間別に示したものである。ここで企業主導の失業と労働者主導の失業では、給付日数に差のあることに気付いてほしい。前者の方が後者よりも少し長い期間の給付の受けられることは、既に述べた通りである。表5－5は給付額と給付率を示したものである。六〇歳未満と六〇～六五歳未満では多少の給付差はあるが、ここではそれについて詳しく言及しない。

この二つの表からわかる事実をまとめれば次のようになる。第一に、年齢の高い人ほど、そして保険制度に加入していた期間が長くなれば、給付日数が長いのは当然のことと解釈できる。年齢の高い人は家族もいるだろうし、生活費の必要度が高いだろうとみなせる。保険加入期間の長い人は保険料を多く拠出していたであろうから、誰もが容認する論理と言えよう。給付額についても、働いていたときの賃金額の高低に応じて給付率、すなわち給付手当日額に高低の差の出るのも、誰もが容認するであろう。賃金の高い人ほど多額を保険料として拠出していたからである。

日本の失業保険給付の実態にはこれ以上踏み込まない。ほぼ合理的に制度の設計がなされていると理解できる。ただ一点だけ指摘すれば、加入している労働者の比率の低い点だけ再述しておきたい。さらに橘木（2002）が述べたようにヨーロッパ諸国の失業保険制度と比較すると、まだ給付の条件がヨーロッパほど恵まれていない、あるいは寛大ではない点である。表5－4と5－

表5－4　失業給付日数（原則）【法22，23】

（イ）倒産、解雇等による離職者

区分＼被保険者であった期間	1年未満	1年以上5年未満	5年以上10年未満	10年以上20年未満	20年以上
30歳未満	90日	90日	120日	180日	—
30歳以上35歳未満		90日	180日	210日	240日
35歳以上45歳未満		90日	180日	240日	270日
45歳以上60歳未満		180日	240日	270日	330日
60歳以上65歳未満		150日	180日	210日	240日

（ロ）一般の離職者

区分＼被保険者であった期間	1年未満	1年以上5年未満	5年以上10年未満	10年以上20年未満	20年以上
全年齢	—	90日	90日	120日	150日

出所：厚生労働省『雇用保険制度の概要』

表5－5　失業給付額と給付率

基本手当の給付率

（60歳未満）

賃金日額	給付率	基本手当日額
2,320 - 4,640円	80%	1,856 - 3,711円
4,640 - 11,740円	80 - 50%	3,712 - 5,870円
11,740 - 15,740円	50%	5,870 - 7,870円

（60歳以上65歳未満）

賃金日額	給付率	基本手当日額
2,320 - 4,640円	80%	1,856 - 3,711円
4,640 - 10,570円	80 - 45%	3,712 - 4,756円
10,570 - 15,020円	45%	4,756 - 6,759円

出所：表5－4と同じ

5で示された日本の給付条件を過去と比較すれば、ある程度は改善されているというか、寛大な処遇に改革されている。その点は評価しているが、まだ給付日数や給付額はヨーロッパより劣っている。例えば労働政策研究・研修機構（2014）によるデンマーク、フランス、ドイツ、スウェーデンの失業保険制度の紹介によってわかる。

なぜ日本の失業保険はヨーロッパより劣っているのか、いくつかの理由がある。第一に、ヨーロッパのような福祉国家への依存と信頼が日本ではまだ薄いので、政府がいろいろなことをやるということに国民的な合意がない。第二に、ヨーロッパの失業率は若年層を筆頭にしてかなり高い。国によっては一〇％を超しているので、日本の失業率より高い。それだけ生活に困窮する人が多いので、生活を保障するために失業保険の充実は必要であった。第三に、日本では失業保険制度充実によるモラルハザード（例えば失業給付があれば生活できるので、真剣に求職活動をしないとか、たとえ職の可能性があっても簡単に就かずにもっと好条件の職を探すとか）に対して厳しい批判の感情があるので、寛大な失業保険制度を好まない社会的雰囲気がある。

日本は労働力不足の時代に入った。過去では失業率が五％を超えて深刻な時期もあったが、今では三％以下になっているので、それほど深刻ではない。論者によっては、自然失業率（いかなる世においても発生する失業による失業率）に日本はいる、と解釈する人もいる。そこで失業者の生活保障が必要との声は大きくないが、逆に今こそ失業保険制度の充実を図る時期と判断している。三％前後の職のない人は、それこそ過去と同様に苦しい生活を強いられているので、生活保障のために給付期間の延長や給付額の増額に期待が集まる。失業率が高くないだけに失業保険財政は現代では潤沢になっているので、余裕のあるときに給付条件を今まで以上に寛大にできるからである。

例えば今では給付期間は最大で二七〇日（約九カ月）であるが、一年への延長策などが考えられる。ヨーロッパでは一年、二年というのはごく普通である。もとよりモラルハザードを許さないための監視や罰則の必要なことは言うまでもない。保険への加入に最低一年の雇用期間見込みが必要であるが、それを半年に短縮する案もありうる。こういった短い雇用期間の人は、比較的短期間で次の職を見つける可能性が高いので、モラルハザードをそう心配しなくともよいと思われる。

第6章　中年はどう生きればよいか

中年の危機

二〇一九年四月一五（日）に内閣府は衝撃的な報告書を公表した。それは四〇～六四歳の中高年世代のうち、実に六一万三〇〇〇人が半年以上も引きこもりでの状態にあるとの報告であった。そのうち年齢で見れば、四〇歳代が三八％、五〇歳代が三六％、六〇歳代が二六％であった。性別で見れば、男性が七六・六％、女性が二三・四％であった。大半が単身者であった。男性の四〇歳代が一番多いことを意味している。

生計を誰が中心に担っているかは、本人が二九・八％、父が二一・三％、母が一二・八％、配偶者が一七・〇％、生活保護が九・〇％であった。残りの数％は誰に支えられているか、不明である。本人に蓄えがある場合はさほど問題ないが、残りは家族の支援と政府なので、まわりが負担をしていることになる。

なぜ引きこもりになったかに関しては、退職が三六・二％、人間関係がうまく行かないが二一・三％、病気が二一・三％、職場になじめないが一九・一％である。病気の場合には仕方がなく、病気の治療がうまく進めば元のまともな生活に戻るケースが多いだろうが、他の理由に関しては企業生活になじめなかったとか、心の問題もからんでいるので、そう容易に解決策は見つからない。

もっとも深刻な状況は、引きこもりが何年間続いているかという統計である。すなわち、三〇年以上が六・四％、二〇年～三〇年が一二・七％、一〇年～二〇年が一七％、五年～一〇年が一四・九％であり、実に五年以上も引きこもりを続けている人が五〇％強も存在しているのである。ちなみに、三年～五年が二一・三％、三年以内が二七・七％となっている。これだけ多くの中年期の人が職もなく、引き込もりの状態にある現状は深刻な日本の社会問題であるとみなせる。

こういう人々が今の現状を続けて高齢者になったときは、無収入、無年金、無医療保障であり、単身を続ける人にとっては高齢単身者の地獄図になりうるといっても過言ではない。今は父母が健在ならなんとか親の経済支援で生活はできるが、父母が世を去ったときは「悲惨」という言葉しか思いつかない。既に前章までで具体的に中年期に何が起こっているかを述べてきた。さらに今後を予想すれば、新しい問題も発生しそうである。引きこもりも含めて、様々な問題が中年期に発生している事実を叙述していく。

中年期の問題をいろいろな角度から論じてきた。中年に関しては、例えば精神心理学のユングはミッドライフ・クライシス（中年危機）という言葉を用いて、中年の人々が心の悩みを抱えていると主張した。本書でも中年がどのような心の悩みを持っているかを論じてみた。人生の後半期を迎える頃、人間は自分のアイデンティティ（すなわち存在価値）がどこにあるのかを見失うときがあり、これからの人生をどう生きていいのかを苦悩するのである。

なぜこのように中年になると悩むかといえば、これまで生きてきた人生体験が大きな影響を与えている。子ども時代に経験したこと、学校教育時代に遭遇したこと、働き始めた若年後期と中年になったときに仕事や職場上で体験したことなどが、中年期に至って心の葛藤を生む要因となったと想像できる。すなわち学校での教育・訓練時代に学んだことの成果がその後の人生に役立っているか、教育を終えてから職業に就いてから自分は働くことに意義を感じているのか、生きがいのある仕事に就いているのか、といったことを振り返る世代でもあり、自省の念を抱くのである。

もう一つ人間にとって重要な事柄として、ある年齢に達すると多くの場合、異性との関係が降りかかってくるということがある。男女間の恋愛、結婚が家族の形成を図るし、結婚すれば子どもを生んで家族の人数を増やす。子育てという活動が人生において大きな事柄になる。ここでは男女の間の葛藤、親子の間の葛藤が関心の的となるし、一部の夫婦は関係に齟齬が生じれば離婚に至ることもままある。これら結婚、子育て、離婚についてはこれまでの章で詳しく論じてみた。

一部の超資産家の家庭に生まれた人を除いて、働くことによって経済生活用の糧を得る。どういう職業に就いて、どういう企業なり組織に属するか、あるいは自営業として働くか、いろいろな選択肢がある。これらの事情を詳しく論じてみた。

格差の問題

これまで述べてきた様々な話題を論じるとき、一つのキーワードは「格差」であった。人間は生まれながらの能力（体力、知力、容姿など）に格差があるし、受ける教育にも格差がある。教育に格差があれば就く仕事にも格差が生じる。これらの格差が集積すれば、稼ぐ所得にも格差が生じることになる。格差社会に入った日本において、この格差が中年期の人々にどう出現して、どういう影響を与えているかを詳しく考察した。

現代の中年にとってもっとも不幸だったことは、それらの人が教育を受けている時期や就職探しをしている時期、日本が長期の大不況の時期だったので希望する仕事や企業に就けない人が多く出たことであった。例えば職が見つけられなかったとか、たとえ見つけられたとしても労働条件の良くない企業に勤めたとか、非正規労働の職しかなかったといったように、格差の下にいる人を大量に輩出したのであった。

さらに悪いことに、何度も指摘しているように、日本社会は一度人生が決まるとなかなかその不利さを逆転、挽回できるような雰囲気に欠けている。たとえ復権を目指して努力しても一部の人は成功するが、多くの人は成功するのが困難な社会である。不利な状況が長く続くと、やがて諦めの境地が強くなって、それを逆転しようとする気力が消滅するのも人間の本質なのである。

一つの希望はある。日本は大不況期を脱して低経済成長率ながら、少子化の影響を直接に受けて労働力不足の時代に入った。政財界は外国人労働者を積極的に受け入れようとしているほどである。低賃金で雇用できる外国人労働者に魅力を感じているのである。この人手不足の折、非正規労働者として低賃金で働いている中年の人を、正規労働者に変換するとか、新しい企業で正規労働者として働く可能性が開かれるかもしれない。しかし、最近のコロナ禍が不安定さを増した。

残念ながら非正規として十数年も働いておれば、その間に技能の習得は限られているので、たとえ正規労働者になったとしても、従来から長く働いていた正規労働者と比較すれば技能水準の程度はかなり劣っているとみなさねばならず、高い賃金や移った企業での昇進にも限界があるかもしれない。しかし、以前の非正規という劣位よりかは改善されて、正規労働者になったのであるから、評価されてよい立場になれば好ましい。特に非正規労働者から正規労働者に変換することによって、種々の社会保険制度への加入が可能となり、病気などに対して安心して生活できることと、老後の年金支払いについても期待できるので、このメリットは大きい。

現に企業によっては非正規労働者を正規労働者に転換する策を採用している。これを図6－1で確認しておこう。最近に限定すると非正規比率のピークは二〇一四（平成二六）年の三七・九％であり、その後労働力不足が認識され始めたので、わずかではあるが減少に転じた。二〇一七（平成二九）年では三七・二％まで低下したが、翌年は残念ながらまたやや上昇を示した。

人手不足の折の反転というのは不思議な現象であるが、考えられる理由は二つある。第一に、高齢化がますます進んだため、高齢者の非正規労働者が数の増加を示した。高齢者の非正規労働というのは、本人達の健康上の都合から短時間労働の希望もあるので、そう問題にしなくてよい

図6－1　正規雇用者と非正規雇用者の推移

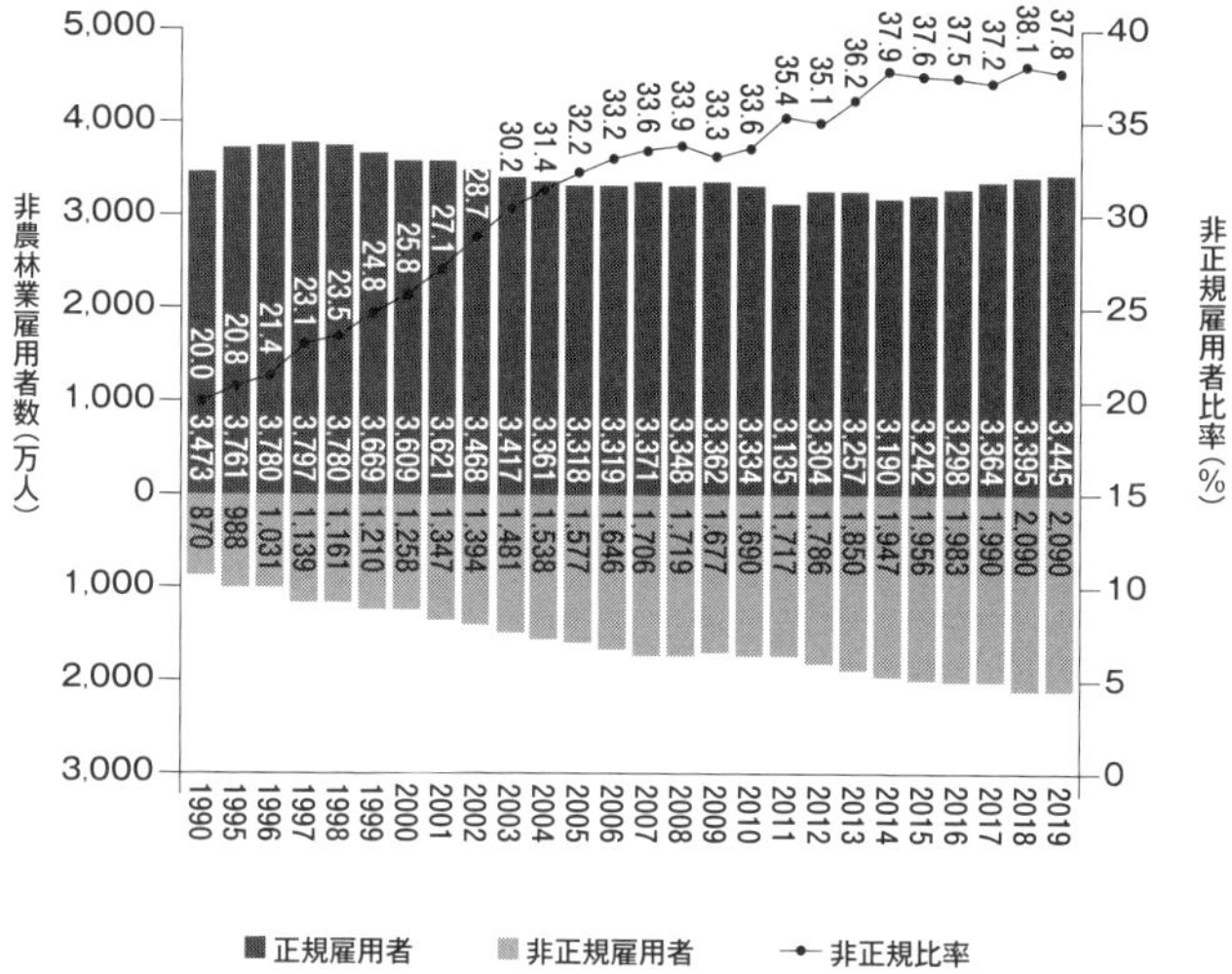

（注）非農林業雇用者（役員を除く）が対象。1〜3月平均（2001年以前は2月）。男計と女計を合計した結果。非正規雇用者にはパート・アルバイトの他、派遣社員、契約社員、嘱託などが含まれる。2011年は岩手・宮城・福島を除く。
出所：総務省『労働力調査』

側面がある。第二に、この時代は人手不足により外国人労働者の増加が始まった時期であり、外国人の非正規労働者が多少増加した。

第二の理由として挙げた点は、今後の日本を予想すればやや重大な問題を秘める可能性がある。現今外国人労働者を多く受け入れようとする動きが目立つが、外国人労働者の労働条件の良くないことはよく知られている。例えば、技能実習生の賃金に関して、六〜七割の外国人は最低賃金以下の賃金しか支払われていないという事実が明らかになった。こういう低賃金の外国人労働者が今後も増加すれば、これまでのような日本人の非正規労働者ではなく、外国人で代替してしまう可能性がある。すなわち、日本人の非正規労働者の数は減少を続けるだろうが、その減少分を外国人労働者で補う策の採用がなされるし、それは大いに予想される。これは、恵まれない労働条件にある人が、日本人の非正規労働者から外国人労働者へとシフトすることを意味する。さらに悪いことに外国人労働者の労働条件は日本人の非正規労働者より一層悪いというのが定説である。少なくとも日本人も外国人も同等の処遇にすべきである。

結婚格差

もう一つの格差は、本書でも論じた結婚、離婚の問題である。現代の若者、そして中年をも含めて、人づきあいの苦手な人が増加して、恋愛や結婚に関心を寄せるよりも、一人で暮らすことを好む人が目立ってきた。生涯未婚率が高くなるだろう、と政府の研究所が予測を出していることは既に述べた。人間社会では自由がもっとも崇高な価値基準なので、結婚を望まない人にまで強制的に結婚を迫ることは避けるべきである。

とはいえ、非正規労働者なので収入が低いから結婚できないとか、気が弱いから無理だとか、異性と知り合う機会のないとする人に対しては、もし結婚を望むのであれば支援の手は差し伸べたい。収入のアップ策については、例えば同一価値労働・同一賃金策の導入、最低賃金のさらなるアップについては既に述べた。異性と知り合う機会がないという理由は、案外気の弱い性格が背後にあるかもしれない。

筆者は一昔前の「おせっかいなおばちゃん」を意外と評価している。今ではそういう形でのお見合いはほぼ消滅して、恋愛結婚がほとんどとなった。ただし、どこで知り合うかが課題なので、一昔前の「おせっかいなおばちゃん」に代わって、結婚紹介ビジネスという手段がある。費用がかかるのが問題であるが、ビジネスライクを気にせずに、いい人に巡り合うことが最大の目的であれば、それができれば御の字である。

若年格差

現代の若者が中年になったときにどうなっているかを論じるには、今の若年がどういう現状にいるかを知る必要がある。ここ数年は労働力不足があって、若者の就職は売り手市場なので、今の中年世代が若年期に遭遇したような深刻な就職難はない。従って、それらの人々が中年になったときは、今の中年世代の経験しているような種々の格差は多少は緩和されているだろう。しかし、人手不足の時代に入る数年前以前に学校生活を送った人については、若年の求職が冬の時代だったので、かなりその後遺症は残っているだろう。とはいえ人手不足が続けばそれらの人が中年にさしかかっている今（すなわち年齢が二〇代後半から三〇代前半）では、中年格差はそれほど深刻にはならないと予想できる。

ここでは今の若者が遭遇している問題をいくつか論じておいて、それらの人が中年になったときの問題の原因になるかもしれない、と予想しながら記述するものである。

教育格差

日本人の若者がどれだけの教育を受けられるのか、すなわち高校・大学への進学率やどの学校（名門・有名校かそれともそうでないか）に進学するのか、といった教育格差に関しては相当なことがわかってきた。それを大胆に要約すれば次のようになろうか。

（1）親の家計状況（すなわち高所得か低所得か）によって教育格差をかなりの程度説明できる。すなわち、裕福な家庭に育つと高い教育を受けられる一方で、貧しい家庭に育った場合は受ける教育にハンディがある。

（2）それは大学の学費を家庭で賄えるのかに依存する。それに加えて重要なことであるが、子どもの頃に学校教育と学校外教育（塾や習い事）をどれだけ受けられるかが影響力を有した。

（3）子どもの生まれつきの知的能力の効果は当然無視できないが、本人の努力なり非認知能力（知的能力以外の意欲や性格など）も効果がある。

（4）子どもの頃からどの学校（特に中学校や高校）に進学するかによって、どこの大学に進学するかも、かなりの程度決定している。

（5）日本は学歴社会（すなわち高い学歴を受けた人が有利な人生を送れる社会）と信じられてきたが、ビジネスの世界ではそれが崩れつつある。そのせいかもしれないが、一方で医者などの人気が高く、医学部進学熱が異様に高い。

（6）（1）の状況は好ましくないと思われている。しかし政府が教育（特に高等教育）に支出する額は対GDP比率で非常に低いし、貧困家庭の子弟の進学を経済支援する奨学金制度はまだ充実していないので、それらが教育格差に拍車をかけている。

以上で要約した日本の教育格差の実情を簡単に知ることのできるのが、図6－2と図6－3である。前者は高校三年生のときの親の所得差が進路として四年制大学（国公立大か私立大か）、短大、専門学校、就職かの違いにどう影響しているかを示し、後者は所得差プラス学校での学力差（五段階に区別されている）が大学進学率にどのような影響があったかを示したものである。

前者の図でわかることは、私立大への進学率は家庭の所得差の効果がもっとも大きいが、国公立大への差はそれほど大きくない。私立大の授業料の高いことが響いているのである。就職に関しては、低所得の家庭でもっとも高く、高所得になると大きく低下している。専門学校への進学も就職と似た所得の効果であるが、それよりかは効果は小さい。以上をまとめると、就職するか進学するかは家計所得がかなりの効果なり影響力を持っているのである。

後者の図でわかることは、高校での学業成績の高い人ほど進学率の高いことを明確に示しているが、これはほとんど自明のことなので説明は不要であろう。ここで付記しておきたいことは、第一章で述べたことでもあるが、本人の努力や非認知能力、さらに塾などの学校外教育の効果も響いているのである。これに関しては橘木（2017）に詳しく解説した。

むしろ強調しておきたいことは、成績の下の人や中の人も大学に一五％から五〇％ほど進学している事実である。低所得の家庭ではさすが大学進学率は低いが、高所得の家庭では低成績の高

図6－2　高校生の進路の比較

東京大学経営・政策センター2006年調査　　2012年高卒者保護者調査

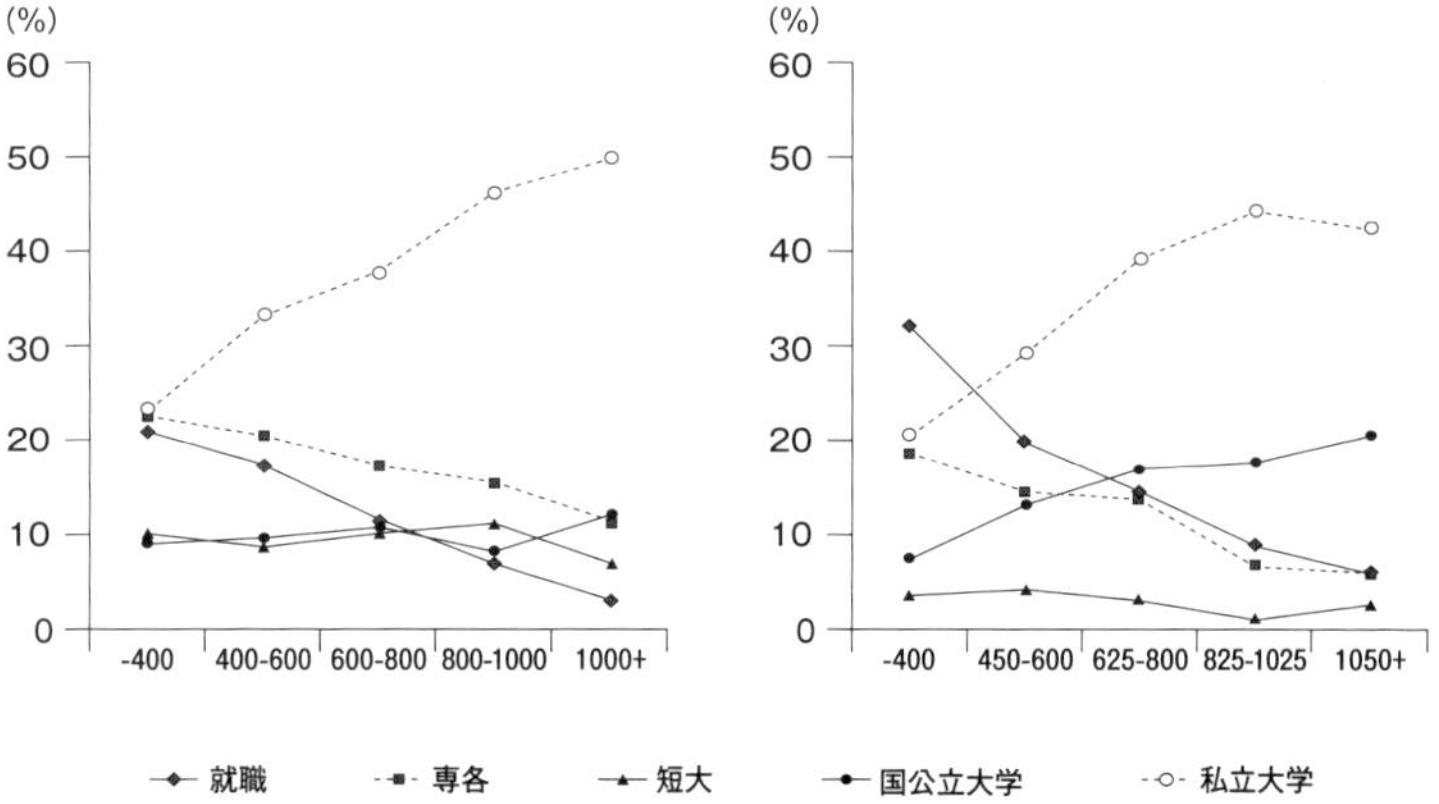

出所：東京大学小林雅之氏のグループによる日本高等教育学会第16回大会報告（2013）

図6－3　成績別所得階層別大学進学率の比較

東京大学経営・政策センター2006年調査　　2012年高卒者保護者調査

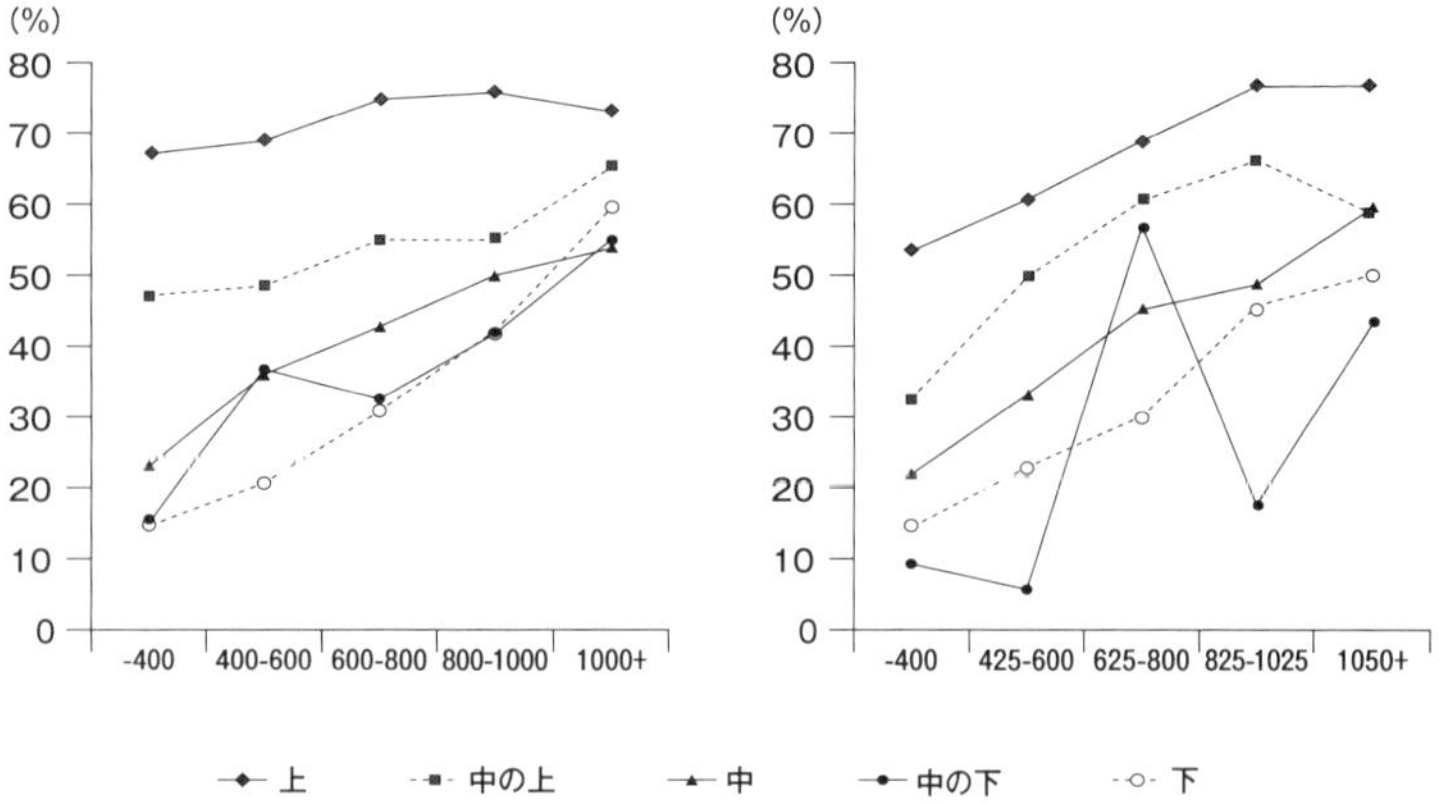

出所：図6－2に同じ

校生でも四〇～五〇％の大学進学率なのである。これに関する効果については、大学中退率に関係付けて後に言及する。

ここでわかったことをまとめれば、親が恵まれた状況（例えば、教育、就業、所得）にあれば、子どもに良い教育機会をもたらし、結局は就業する仕事の質も良くて所得の高い子どもとして育つのである。逆に恵まれない親の下に育った子どもは、同じく恵まれない状況の人生となる確率は高い。親子間の資質と境遇、そして生活状況の世代間継承がかなりの程度見られるのである。親の世代の所得格差が拡大してしまった格差社会にいる現状では、先で述べた効果が大きくなっており、子ども世代に属する若年世代の格差は、これまで以上に拡大するのである。

中退率の効果

高校進学率が一〇〇％に近く、大学進学率も五〇％を超えている。今日、できるだけ多くの若者が高い教育を受けられることは非常に好ましい。一人ひとりが高い教育を受けて、人間としての資質を高め、かつ働き手としての能力を高めることに大いに貢献できるので、進学率の高まりは積極的に評価してよい。日本経済が豊かになって教育費の負担を家計ができるようになったこと、国民が高い教育を受けたいという希望を強めたこと、などが進学率を高めた要因である。

高くなった進学率を反映してか、高校や大学を途中で退学する学生が少なからずいることが、現代の教育界の悩みである。このことを考えてみよう。まずどれだけの数の学生が中退しているのか、簡単に知っておこう。二〇一四（平成二六）年において高校では一・五％、大学では二・七％、人数にすると高校で五三四〇三人、大学で七九三一一人なので、びっくりするほど高い中退率ではない。以上は文部科学省の『学校基本調査』による数字である。

しかも過去と比較すると中退率はやや低下の傾向にあるし、他の先進国と比較すると、日本の大学中退率はかなり低い。日本の大学の中退率が国際的に低い最大の要因は、日本の大学教育は単位修得を含めて卒業が容易という事実を反映している。「入学は困難だけど、レジャーランドの大学は卒業が容易」という標語が日本の大学教育の実態を象徴している。

ところが、数が少ないだけに中退者は逆に社会から冷たい仕打ちを受けるのである。例えば、二〇一一（平成二三）年の労働政策・研修機構の小杉礼子による『若年層の就業にかかわる全体状況』という報告書によると、中退生の就職は約半数が非正規労働の職しかなかったとされる。中退者が卒業者と比較して求職活動において大きなハンディを背負っているのである。二〇〇〇年から二〇一〇年にかけては不況が深刻だった時期である。その当時大学生だった人は現在では中年前期に入っており、しかも中退者の多かった時期なのでハンディを直接に受けて、多くが非正規労働者に甘んじざるをえなかったと付記しておこう。

なぜ中退者が求職において不利なのか、その説明は比較的容易である。日本社会では「途中で投げ出した人」を中途半端な人とみなす傾向が強い。初志貫徹を一つの美徳とみなす日本人においては、企業が人を採用するとき、「この中退者は入社してもすぐに離職するのではないか」と予想するのは不自然ではない。これらの人を正規社員ではなく、雇用保障のない非正規なら採用してもよいと判断する可能性はある。

なぜ学生は中退するのであろうか。図6－4は文部科学省の統計によって、大学生の中退理由を示したものである。この表によると、第一位は二五・三%の「その他」であり、具体的な理由がわからない。それを外した第一位は、二〇・四%の「経済的理由」である。親あるいは家庭の経済状況が苦しいので、学費や生活費などの負担が困難でやむなく途中退学に追い込まれるのである。格差社会に入って所得格差が拡大した中にあって、低所得にいる家庭の子女が大学生活を送れなくなったことを意味している。

第二位は、一五・四%の「転学」である。これは在籍中の大学への不満があって、他の大学に転学する人である。これに関しては後に言及する。

第三位は、一四・五%の「学業不振」である。四・四%の「学生生活不適応」も「学業不振」に

図6－4　大学中途退学者の理由

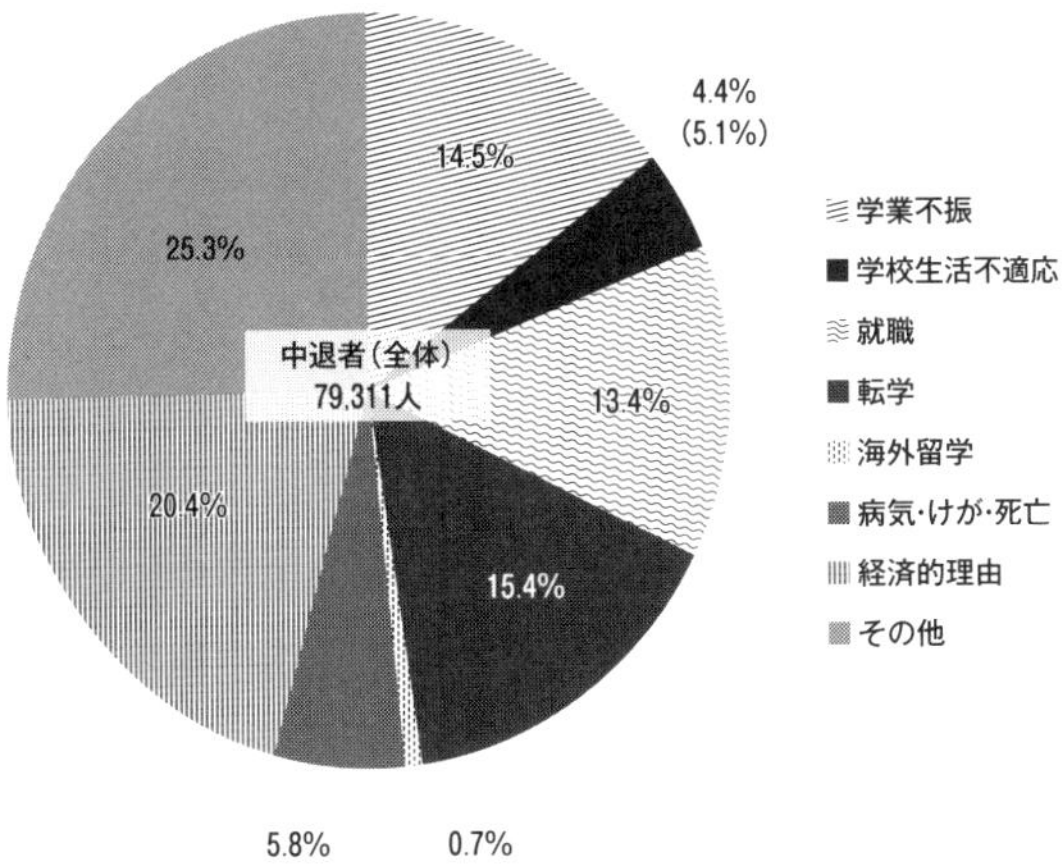

出所：文部科学省『中途退学や休学等の状況』2014

類する理由と考えてよく、両者を合計すると一八・九％に達する大きさとなる。同世代の五〇％を超える人が大学に進学する時代になれば、大学教育にふさわしい学力を持ち合わせない人が入学しているだろうし、勉強の嫌いな人もまわりからの勧めに応じて半分強制的に大学に入学して、結局はさほど勉強しないからこともある。もとより大学教育の与え方に不十分なところがある点も無視できない。

第四位は、一三・四％の「就職」であり、無視できない比率となっている。就職を促す具体的な理由として、勉学になじめずに学業不振に陥ったか、親の低所得で大学生活を送れる経済的余裕がなく、就職して所得を稼ぐ動機があった、の二つが候補である。どちらのウェイトがより大きいかは判定しかねるが、前者は「学業不振」に類するし、後者は「経済学的理由」に類すると考えてよい。

以上をまとめると、大学生が中途退学する理由として、次の二つがもっとも重要である。すなわち、大学生活を送れない「経済的理由」と、「学業不振」や「学校生活不適応」といったように、大学生活を送るにふさわしい学力なり適応力に欠けるということになる。「経済的理由」は格差社会のもたらす効果であると既に強調したし、「学力や適応力」の不足は、同年代の五〇％を超す人が大学に来てよいのか、という問題提起をしていると理解してよい。

一つ興味ある事実を紹介しておこう。表6－1は、大学を中退する大学生がどのような大学（偏差値別で区分）に在籍していたか、を示したものである。この表から得られる情報は次の通りである。

第一に、私立大と国公立大を比較すれば、私立大の方が中退率がかなり高い。平均では私立大が一一・〇%、国公立大が二・九%なので、およそ四倍弱も高い。これは私立大の学費が高いので、経済的に苦しいという要因と、私立大に偏差値の低い大学が多いので、中退する確率を高めていることが考えられる。

表6－1　偏差値別に見る大学中退率

	私立大	国公立大	合計
偏差値	大学中退率	大学中退率	大学中退率
39	17.2		17.2
40-44	16.9		16.9
45-49	11.6	6.7	11.5
50-54	8.0	3.8	6.8
55-59	6.0	3.6	5.0
60-64	3.4	1.6	2.9
65-69	3.2	2.4	3.0
70以上	3.0	1.5	2.2
平均	11.0	2.9	9.4

出所：「おかねドットコム」（http://twitter.com/intent/tweet?）

第二に、偏差値の低い大学ほど中退率が高く、逆に偏差値の高い大学ほど中退率が低い。これは名門大学ほど中退率の低いことを示している。できれば誰でも名門度の高い大学に進学したいのであり、それを達成した人は中退など考えないし、逆にそれのできなかった人はどうしても後悔と不満があり、改めて名門校を目指す可能性があるので、中退するのである。あるいはそういう人は学業をあきらめて就職するなど他の道を選ぶかもしれない。偏差値四〇前後の私立大学出は、実に一七%ほどの高さである。これは大きな声では言えないが、偏差値の低い大学に入学した人は、大学の講義について行けずに「学業不振」や「学校生活不適応」になる可能性もあるということが考えられる。

以上、学校（特に大学生）を中退する人についていろいろ述べてみた。こういう中退生には良い職に就けない人が多く、中年になってからも低所得といった生活状況に追い込まれる確率が高い。

高校中退についても詳しく述べなかったが、大学中退生よりもっと恵まれない職に就かざるをえないであろう。しかし数はそう多くないことを付言しておこう。むしろ、第1章でも述べたことであるが、高校の普通科で勉強した卒業生の一部が深刻な立場にいることを紹介しておこう。商業、工業、情報、農業、といったように、仕事を遂行する上で技能や職業教育を学んだ高校生は就職の機会は多いし、社会人になっても安定した職業に就いている。普通科で学び、学業成績の良い高校生は大学に進学するので心配は不必要である。国語、数学、英語などの五教科しか学ばなくて、大学に進学しない普通科の高校生は、学業成績も良くないことが多くまた職業に役立つ技能も修得していないので、中途半端にしか見てもらえない可能性が高い。こういう人は卒業後にいい職に就けず、中年になっても格差社会の下位に滞留する可能性がある。

次の世代の中年――新しい格差の誕生

今の若い世代、教育格差は縮小するどころか拡大の方向に進むだろうし、学校中退者の存在などを考慮すると、そういう人が働き手になったとき、今の中年世代が抱えている同じ格差を経験するものと予想できる。それを背後から後押しするのは、今後の日本経済は人口減少もあって、低成長率、あるいはゼロ成長率が予想されているので、企業の採用意欲はそう高くないであろうということだ。むしろ有能な人への労働需要は高く、逆にそうでない人への労働需要は低くなるかもしれないことが、教育を受けていない人へのハンディとなりそうだ。

一つ将来の中年が迷わさざるをえない事象がある。それはＡＩ（人工知能）の普及が予想され、それが職場の現場で用いられると様々な効果を生むのである。一九世紀初めのイギリスで発生した「ラッダイト運動」で象徴されたように、機械化が進むと人の仕事を奪って失業者が多く輩出するのではないかと恐れられ、機械破壊運動が起きた。

例えば、自動車工場や機械工場におけるロボットの導入や、金融機関における自動現金預け入れ・引き落とし装置など、技術の進歩は必要人員の削減に大きく貢献してきたのである。

それが現代において新しい技術革新として登場しており、世に言うＡＩ（人工知能）の開発とその急激な発展である。例えばFrey and Osborne(2017) は、ＡＩの導入と発展によって今働いている労働者の約半数は不必要になるだろうと発表して世界を驚かせた。例えばわかりやすい例を示せば、自動車には必ず運転手が必要であったが、自動運転装置の導入によって運転手は必要なくなり、膨大な数の運転手としての仕事が失われる。もう一つの例は、銀行業務や会計業務にＡＩが普及すれば、かなりの数の銀行員、会計士が不必要となる。現に銀行業界はこれを見込してか、従業員の数を削減しつつある。なんと医師の世界においても、患者の健康状態の情報を大量にコンピューターに流せば、ＡＩが病気の内容を的確に把握するし、適当な診療策と投薬方法を教えてくれる時代となり、医師の必要性も低くなるとの声もある。

以上種々の例でわかるように、ＡＩの導入と普及は大量の雇用を削減する可能性がある。Frey and Osborne の研究はそれを数値化したので衝撃を与えたが、後にその研究の検証が行われ、岩本（2018）によると誇張があったとされた。どの程度の雇用削減をもたらすのか、まだ定説はない。しかし雇用削減をもたらすだろうという予測には間違いはない。

このＡＩの導入と普及に関して一つの重要な効果は、人々の間で新しい格差を生むだろうという予測である。岩本（2018）によると、ＡＩの開発や応用技術に取り組むことのできる人は、高い教育水準と技能水準を持っているので、とても有能な人とみなされ、職場で優遇されること間違いなしである。同様にＡＩをうまく利用して、それを効率的に生産やサービスの現場で応用できる人も、優遇されるのである。一方でＡＩの導入によってそれをうまく使いこなせない人や、ＡＩが人の作業を奪ってしまうことになり、職場から排除される人が多く出てくる。これらの人の一部は職を失うか、職に就いていても低技能労働者として扱われることになる。換言すればルーティンワークをしていた人の排除か、職場にたとえ残ったとしても低水準の処遇しか受けられない結果になる。

以上述べたことを別の言葉を用いれば、ＡＩの導入と普及によって新しい格差社会が登場するのである。すなわち高学歴で高技能を持った人でＡＩの開発と使いこなし方に優れた人と、ルーティンワークしかできない低学歴で低技能の人という二極化の進行が予想される。当然のこととして両者の間での所得格差はかなり拡大の方向に進むのであろう。

ここで述べたことをまとめれば、現代の若者が遭遇しているＡＩの導入と普及がますます進めば、これらの人が中年という働き盛りの世代になったとき、新しい格差社会という経験をさせられる宿命にあるといえる。今よりもっと深刻な格差社会になる可能性を秘めたＡＩの効果なのである。

この問題に対する対策はあるのだろうか。本書でこれまで述べたことと重複もあるので、簡単な記述にとどめる。

第一に、国民の間で教育の不平等はできるだけ小さい方が好ましいので、教育を受けたいと思う人には支援策（奨学金制度や国家の教育支出額の増加）を充実させたい。これによってＡＩの開発や応用に取り組むことのできる人が多く出てくる可能性を高める。教育による格差は少しでも縮小できるので、所得格差の是正にもつながる。

第二に、資本主義経済である限り所得格差の大きくなるのは避けられない。ある程度の経済効率性を保つためにも格差の存在は容認される。とはいえあまりにも大きな所得格差の存在は好ましくないと思うので、税や社会保障制度によって所得再分配政策の必要性を主張したい。もとより格差の是正は必要ない、という意見に国民の多数派が支持するなら、自由主義と民主主義の世界に生きているので、筆者の主張が否定されてもやむをえない。しかし政策をうまく実行すれば、経済効率性と公平性（分配の平等）は保たれるとだけ述べておこう。詳しいことは橘木（2016）に譲る。

終章　中年格差のない社会を目指して

日本は格差社会に入った。結果の格差として、国民の間での所得・資産格差は以前より拡大した。それは異様に高い所得や資産を持つ一部の人の存在と、逆に貧困で苦しむ人の増加という二つの両極端の現象で象徴される。一方で教育をどれだけ受けられるか、仕事を容易に見つけられるか、仕事の中でもよい条件のものが見つけられるか、企業などの組織において昇進の可能性は多くの人に広く平等に与えられているか、といった機会の平等・不平等の問題も深刻になりつつある。

本書ではまずこういった問題に関して、年代別に現状がどうであるかを分析してみた。すなわち、若年層、中年層、高年層の年代別に検討して、それぞれの世代に特有な格差はなんであるかを明らかにした。特に中年層にスポットを当てて、他の世代（若年層や高年層）と比較して、中年層にはどのような格差が顕著であるかを抽出して、その格差の発生原因を詳細に分析したのが本書である。

どのような課題に注目したかといえば、所得、資産、職業、教育といった伝統的な分野のみならず、人間としてこの世代に降りかかる種々の話題、具体的には結婚、離婚、子ども、家族といったことの分析を行なった。さらに「中年クライシス」という言葉で象徴されるように、中年世代は心の問題で悩むことが多く、自殺率の高いことや引きこもりの中年が多いことで証明されるように、深い心の悩みにいることが論じられた。

中年世代の所得格差の実態は若年層や高年層ほど大きく出現していないが、深刻なのは一度低所得者なり貧困者となれば、年齢を重ねてもそれを覆すことあるいは挽回することはほとんど不可能という年齢にいることが強調された。

どういうことかといえば、今の中年層が若年期のときに教育を終えてから働き始めようとしたとき、良い職が見つけられないという大不況期だった不幸が今まで続いているのである。失業者であり続けたり、非正規労働者として働き続かざるを得ない立場にいる中年層がかなり存在するのである。

この不幸は生まれた年の不遇（すなわち就職氷河期に求職せねばならなかった）が今まで続いていることで示される。これは日本社会の特色、すなわち一度失敗するとかチャンスを逃すと、挽回が不能という社会構造があることによる。具体例としては、一八歳の大学入試の結果で将来の人生が左右されるとか、企業における新卒一括採用という制度のなす業である。一度失敗してもその不利さを覆すことができるような社会にしたいものである。そのためにはあらゆることに関して、何度も挑戦する機会が人々に与えられるような社会にするべきだ。国民の意識改革ができることによってそれが可能になる。

就職氷河期に求職活動をした人は、中年になってからも恵まれない職に就いていることがわかった。こういう人に挽回の機会が与えられるべきと主張したが、現実の社会ではどうであろうか。

兵庫県の宝塚市はこの声に応じるため、二〇一九（令和元）年の末に中年世代（三〇代半ば〜四〇代半ば）を対象に、正規職員を募集して採用試験を行った。三名募集のところに全国から一八一六名が応募し、受験者はおよそ一六〇〇名ほどだった。結果は四名の採用だったので、実に四〇〇倍という途方もない激烈な競争であった。採用者は無職か非正規労働を続けている人であった。

この宝塚市の件は何を物語っているのであろうか。第一に、就職氷河期の活動で思い通りの職を見つけられないかった人が非常に多く、そういう人はできれば望む仕事に就きたいと思っている。

第二に、宝塚市でほんの数名の採用募集にこれだけの応募があるということは、全国規模でも中年層を正規職員として採用しようとする企業や役所の採用数はとても少ないということである。日本社会では一度失敗すると、後になってもう一度チャレンジの機会が与えられるという制度はまだ根付いていないことがよくわかる。

もう一つ加えれば、一度不利な立場に立ってしまった人々、それを非正規労働者で代表させれば、そういう人は正規労働者になる確率は低いという事実がある。さらに悪いことに、社会はこういう人々にこそ手厚い福祉制度を提供するのが本来の姿であるべきなのに、労働時間が短いとか、雇用期間が短いといった理由でもって、年金、医療、介護、失業といった社会保険制度への加入が制限されているのである。恵まれた社会保障制度の枠から外された人々がかなりの数存在しており、筆者は「日本は皆保険の国である」との神話は虚構にすぎないと主張した。

この問題を解決するには、例えばイギリスに代表されるように、国民の資質（性、年齢、職業、労働時間など）で区別せずに税を財源にして、国民全員のどんな人にも一様の医療給付をする案が良い。年金についてもカナダやオーストラリアのように保険制度ではなく、税制度にすればよい、と主張した。

そういう改革をするには長期間を必要とするので国民の合意の下で徐々に改革をするしかない。実は日本の介護保険制度は税収投入割合が五〇％に達しているので、筆者の主張する制度に近い。介護保険の精神を他の年金と医療の制度にも応用するという案を主張していることになる。短期的には国民全員が労働時間とは無関係に社会保険制度に加入できるようにする案が望まれる。

こういうように、中年期にまともな社会保障の制度からはじき出された人が高年期になったとき、どのような福祉の給付を受けられるかを考えれば、恐ろしい思いがする。年金、医療、介護などの給付額はゼロか、あっても雀の涙だけだろうから、貧困で苦しむことになるのは明らかである。

結婚、離婚、子ども、家族といったことに関係する話題は、個人の生き方に関することなのでまわりがどうこうせよ、と主張できるものではない。一人ひとりが責任を持って人生を歩む姿勢に期待するしかない。政策として考えられるのは次の二つがある。

第一に、日本のこれまでは夫婦（あるいは家）を基礎にして税制、社会保障制度を構築してきたが、それを個人を基礎にした制度に変換したい。第二に、子どもは社会全体の財産であると考えて、子育てを家庭に押し付けるのではなく、様々な子育て支援策を充実させて、家庭での負担を和らげて社会で育てる方式に変換したい。

「中年クライシス」で代表される心の問題については、事が深刻であるのに加えて、人間の心の奥深くまで入らないと望ましい政策は提案できない。経済学者の筆者には荷の重い課題である。ここで言えることは、専門家の診察を容易に受けられて、かつ適切な措置を受けられるような社会にしたい、といったことしか言えないのが残念である。

最後に、中年のみならず全世代において日本での格差が拡大している現象の総合評価と対策を議論しておこう。

日本の高度成長時代は、所得分配の平等性は高く、かつ成長率も高い（すなわち経済効率性が高い）という世界でも珍しい稀有な時代であった。一億総中流意識の時代であったし、Japan No.1とまで称された経済活性化していた時代で、世界が日本を賞賛したのである。

ところが時代が進むにしたがって、お金持ちは増え、貧困率は主要な先進資本主義国の中でアメリカに次いで第二位の高さになり、格差社会に突入した。悪いことにバブル崩壊の影響下、失われた二〇年～三〇年と称される経済大不況の中に日本はいる。

経済活性化を図るためには、平等性の強調はよくないとして、規制緩和、競争促進、福祉削減といった政策が実行されるようになった。いわゆる新自由主義による市場原理主義の適用策が進み、日本のみならず資本主義国のほとんどで格差拡大が進んだ。例外はスウェーデン、デンマークなどの北欧諸国で、高い所得分配の平等性を保ちながら経済も好調を誇っている。

日本で所得・資産の分配平等性を主張する声はあまり強くない。なぜか、いろいろな理由を指摘できる。第一に、日本人全体として、所得の低い人の責任は本人の努力が不足しているからだ、との主張が結構強くなっている。そういう人は怠けているからだ、自分で頑張る意識に欠けていて、社会からの支援に頼ろうとしている、との自己責任論が強いのである。従って政府はそういう人を支援する必要がないと主張している。

第二に、高所得者・高資産保有者を賛美する風潮が強くなってきた。これはネット右翼と称される若手の低所得者にも見られる現象で、自分はそういう人物になれないにもかかわらず、そういう人の努力と実績を単に賞賛しているのである。これは現実の高所得者にも当てはまり、こういう人は沈黙を保ちながらも、政府の強い所得再分配政策に反対している。こういう人々は保守政治家や企業経営者に代表されている。

第三に、これは既に述べたことであるが、経済成長率を高めるといった経済活性化を図るためには、所得分配の平等性を犠牲にせねばならない、という経済効率性と平等性（公平性）のトレードオフ関係を想定する学説を、多くの経済人と経済学者が信じるようになった。この学説に多くの一般市民も賛同しているので、新自由主義的な経済運営をする政党に支持が集まり、それが政権を握ってそういう政策が実行されているのである。

これらの主張に対する筆者の見方を次に述べておこう。

第一に、筆者はマルクス経済学者ではないので、ある程度の経済効率性と公平性（平等性）のトレードオフは認めている。しかし、日本の格差の拡大はアメリカほどではないが、許容範囲を超えていると判断するので、ある程度の所得再分配政策の必要性を主張したい。

第二に、中年格差の実態を本書で学んだ読者は、この世代の人々は機会の平等の枠外にいたと認識してほしい。こういう世代の人々は、学校を卒業して就職探しをしていた時、日本は大変な不況期にあったので、いい仕事が見つけられなかった。そのハンディが中年にまで引き継がれていて、本書で明らかにしたように一部の人々は不幸な人生を送っているのである。生まれる時期を選べない本人に責任のないことなので、社会は積極的にその償いをすべきと考える。そして本文で主張したことの繰り返しになるが、一度失敗したらもう終わりという日本社会の風潮を打破して、再度のチャレンジの機会が与えられるようにしたい。

第三に、日本の社会保険制度の欠陥として、働いている人と働いていない人、あるいは働いている人でも労働時間の差によって保険に加入できる人とできない人の差が激しい。換言すれば、人に平等で与えられるべき福祉制度において、機会の平等が阻害されている中年層の人の一部は年金、医療、介護、失業といった制度から排除されている。

こういう人々にも平等に制度への参加の資格が与えられているような社会にしたいものである。

参考文献

岩本晃一（2018）編著『AIと雇用』日本経済新聞出版社
岡本裕子（1997）『中年からのアイデンティティ発達の心理学』ナカニシヤ出版
岡本裕子（2008）「中年期の危機と家族の心理臨床」高橋靖恵編『家族のライフサイクルと心理臨床』金子書房、第3章、五一〜七四頁
岡本裕子（2013）「成人期」無藤隆・子安増生編『発達心理学II』東京大学出版会、第2章、七九〜一〇五頁
荻野博司（2004）「事業主負担のあり方を考える」『朝日総研レポート』第一七二・一七三号
柏木恵子（1995）「親子関係の研究」柏木恵子・高橋恵子編『発達心理学とフェミニズム』ミネルヴァ書房、一八〜五二頁
河合隼雄（1996）『中年クライシス』朝日文芸文庫
河合隼雄（2002）『多層化するライフサイクル』岩波書店
神林龍（2017）『正規・非正規の世界――現代日本労働経済学の基本問題』慶應義塾大学出版会
玄田有史（2019）「就職氷河期世代を襲う『7040問題』」『文藝春秋』二〇一九年一月号
子安増生（2011）『発達心理学とは』無藤隆・子安増生編『発達心理学I』東京大学出版会、第1章、一〜四六頁
佐藤香織（2017）「企業内労働市場における転職と昇進の関係」ISS DP. No J-222
鈴木亘（2008）「医療と生活保護」阿部彩・国技繁樹・鈴木亘・林正義著『生活保護の経済分析』東京大学出版会、第5章、一四七〜一七一頁

高橋靖恵編（2008）『家族のライフサイクルと心理臨床』金子書房
橘木俊詔（2001）「失業リスクとワーク・シェアリング」橘木俊詔編『ライフサイクルとリスク』東洋経済新報社　第5章、一〇三〜一二四頁
橘木俊詔（2002）『失業克服の経済学』岩波書店
橘木俊詔（2014）『実学教育改革論――「頭一つ抜める」人材を育てる』日本経済新聞出版社
橘木俊詔（2016a）『21世紀日本の格差』岩波書店
橘木俊詔（2016b）『老老格差』青土社
橘木俊詔（2017）『子ども格差の経済学――「塾、習い事」に行ける子・行けない子』東洋経済新報社
橘木俊詔（2018）『男性という孤独な存在――なぜ独身が増加し、父親は無力化したのか』ＰＨＰ新書
橘木俊詔（2019a）『定年後の経済学』ＰＨＰ研究所
橘木俊詔（2019b）『社会保障入門』ミネルヴァ書房
橘木俊詔・下野恵子（1994）『個人貯蓄とライフサイクル――一生涯の収支の実証分析』日本経済新聞社
橘木俊詔・迫田さやか（2013）『夫婦格差社会――二極化する結婚のかたち』中公新書
橘木俊詔・迫田さやか（2020）『離婚の経済学』講談社現代新書
中野円佳（2014）『「育休時代」のジレンマ――女性活用はなぜ失敗するのか』光文社新書
林京子（1995）『老いた子が老いた親をみる時代』講談社
無藤隆・子安増生編（2013）『発達心理学Ⅱ』東京大学出版会
労働政策研究・研修機構（2014）『失業保険制度の国際比較――デンマーク、フランス、ドイツ、スウェーデン』

Frey, C.B. and M.A. Osborne (2017) "The Future Employment: How Susceptible are Jobs to Computerisation," Technological Forecasting and Social Change, 114, pp.254-280.

Hamaaki, J., M. Hori, S. Maeda and K. Murata(2012) "Changes in the Japanese Employment System in the Two Last Decades," Industrial and Labor Relations Review ,vol.65(4) 810-846

Kawaguchi, D. and Y. Ueno (2013) "Declining Long-term Employment in Japan," Japanese Economic Review vol.28, pp.19-36

著者　橘木俊詔（たちばなき・としあき）

1943年兵庫県生まれ。京都大学名誉教授。京都女子大学客員教授。小樽商科大学商学部卒業。大阪大学大学院修士課程修了。ジョンズ・ホプキンス大学大学院博士課程修了（Ph.D.)。フランス、アメリカ、イギリス、ドイツでの研究職・教育職、京都大学教授、同志社大学教授などを歴任。元日本経済学会会長。専門は労働経済学。著書に『女女格差』、『日本人と経済』（いずれも東洋経済新報社)、『日本の教育格差』（岩波新書)、『「幸せ」の経済学』（岩波書店)、『愛と経済のバトルロイヤル』（佐伯順子氏との共著)、『老老格差』（いずれも青土社）など多数。

中年格差

2020年7月25日　第1刷印刷
2020年8月10日　第1刷発行

著者――橘木俊詔

発行人――清水一人
発行所――青土社

〒101-0051　東京都千代田区神田神保町1-29　市瀬ビル
［電話］03-3291-9831（編集）　03-3294-7829（営業）
［振替］00190-7-192955

印刷・製本――シナノ印刷

図作成――今垣知沙子

装幀――水戸部功

ISBN978-4-7917-7295-7　C0033